주님의 신부로 행복했어요

천보산민족기도원 설립자
우정재 원장과 기도원 이야기

우정재 지음

쿰란출판사

주님의 신부로 행복했어요

1판 1쇄 인쇄 _ 2015년 10월 10일
1판 1쇄 발행 _ 2015년 10월 20일

지은이 _ 우정재
펴낸이 _ 이형규
펴낸곳 _ 쿰란출판사

주소 _ 서울특별시 종로구 이화장길 6
편집부 _ 745-1007, 745-1301~2, 747-1212, 743-1300
영업부 _ 747-1004, FAX 745-8490
본사평생전화번호 _ 0502-756-1004
홈페이지 _ http://www.qumran.co.kr
E-mail _ qrbooks@gmail.com / qrbooks@daum.net
한글인터넷주소 _ 쿰란, 쿰란출판사
등록 _ 제1-670호(1988.2.27)
책임교열 _ 송은주

ⓒ 우정재 ISBN 978-89-6562-802-6 03230

책값은 뒤표지에 있습니다.
이 출판물은 저작권법에 의해 보호를 받는 저작물이므로 무단 복제할 수 없습니다.
파본(破本)은 구입처에서 교환해 드립니다.

주님의 신부로
행복했어요

추천사 1

출간을 축하합니다.

한 송이 국화꽃을 피우기 위하여 소쩍새는 봄부터 그렇게 울었나 봅니다.

아름다운 오늘의 무지개를 천보산에 세우려고 일찍부터 우 권사님에게 그렇게 찬비가 내렸나 봅니다.

새는 쓰레기 위에서도 노래하는데 권사님은 그토록 모진 풍랑 속에서도 미소 지으며 오늘을 바라보셨군요.

사탕만으로 성장할 수 없는데 그토록 쓴 나물을 먹으면서도 오늘을 위한 도전에 웃음을 섞어 오셨군요.

과정이 힘들면 열매가 소중한 것인데 천번 흔들리며 굳세게 오늘의 꽃을 피우고야 말았군요.

남이 던진 돌로 담을 쌓으며 귀중한 결론을 이룩하셨습니다.

하나님을 사랑하셨고, 예수님이 사랑하셨던 권사님은

모두의 사랑을 한몸에 받고 계신 것만으로도 성공한 인생이 되셨습니다.

휠체어에 앉으셔서 찬양 인도하시는 모습은 차라리 천사였습니다.

80이 넘어섰지만 성도들을 껴안고 사랑하시는 모습은 나의 눈시울을 뜨겁게 하는 용광로였습니다.

너무 오래 사시지 말고 그저 모세만큼만 사세요.

그리고 지금까지 하신 일보다 앞으로 더 많은 일을 하기를 기도할 뿐입니다.

이 한 권의 책은 80년 동안 쓰신 흔적이고, 800년 남아 있을 족적이 될 것입니다.

첫 번째 책을 손에 들고 두 번째 책을 기다립니다.

이 책을 통하여 권사님의 80년을 보면서 미래가 궁금하여지고 있습니다.

주님이 예비하신 상급이 많으실 것이 분명하니 나누어 주시고, 하나님이 씌워 주실 면류관이 무거울 터이니 같이 쓰고 싶습니다.

존경하고 사랑을 넘어 흠모합니다.

우 권사님!
천국에 가서 영원히 살 때 권사님 옆 집에서 살고 싶어요.

주후 2015년 8월 15일
갈보리교회 **강문호** 목사

추천사 2

높은 산이 거친 들이 초막이나 궁궐이나
내 주 예수 모신 곳이 그 어디나 하늘나라~

거친 광야에 핀 백합화처럼, 모진 풍상에도, 홀로 걸어가는 험한 길에서도 향내가 나고, 서러운 눈물에서도 소망의 빛이 영롱하게 맺힘은 그와 함께한 예수님 때문이리라.

가녀린 여인의 가슴에 담기엔 너무 벅찬 나라와 민족.
일제 강점기, 다섯 살 어린 딸을 무릎 위에 앉혀 놓고 태극기 펼쳐 보이며 나라 잃은 설움에 탄식하던 어머니의 눈물이 운명이 되어 숨이 차도록 버거운 삶의 노정 가운데서도 나라와 민족을 품고 달려온 충성스러움이 천보산민족기도원으로 우뚝 세워졌다.
이 땅에 진정 하나님의 나라가 임하고 사랑하는 조국이 복음한국이 되어 열방을 살리는 복음과 기도의 산실이 되기까지 눈물의 기도와 부르짖음이 끊이지 않는 곳, 천보산 민족기도원.

원장 우정재 권사님의 삶이 우리 민족의 운명과 겹쳐 보이는 것은 비단 질곡의 여정 때문만은 아니다. 한 번도 떠나지도 버리지도 않으신 하늘 아버지의 십자가 사랑, 신랑이요 목자 되신 순애보 우리 구주 예수님의 동행하심 때문이리라.

연약한 질그릇 안에 보배를 담아 놓듯, 크신 하나님이 작은 여인을 통해 역사하신 그 손길은 주를 믿고 사랑하는 모든 이들에게 지금도 기적을 베푸신다. 십자가 부활의 복음으로! 찬송 중에 거하시며 기도에 응답하시는 살아계신 하나님, 역사하시는 하나님을 만나보자.

주후 2015년 8월 15일

김용의 선교사

추천사 3

거울이 얼굴을 비침과 같이 한 사람의 살아온 생생한 역사의 책은 모든 사람의 삶에 거울과 같은 역할을 합니다. 이번에 출간된 우정재 원장님의 책은 전적으로 하나님의 인도하심이었습니다. 우 원장님의 얼과 신앙과 인생철학이 그대로 담긴 양식입니다.

위기 때마다 하나님께서 새로운 계획으로 인도해주시고, 넘어지면 다시 일으켜 세우시고, 하나님이 선두로 행하셔서 험한 길을 합력하여 선을 이루는 길로 인도하심이 잘 나타나 있습니다.

천보산민족기도원 설립자이신 우 원장님을 만나면 온전히 예수 그리스도의 영에 이끌리는 모습을 보게 됩니다. 또한 오직 먹든지 마시든지 자신의 공로는 내세우지 않고 하나님께만 영광을 돌리는 모습을 볼 때 이래서 하나님께서 귀히 쓰시는구나 하는 것을 마음 깊이 느끼게 됩니다.

또한 그리스도의 사랑으로 병든 자를 위해 자신의 아픔으로 느끼며 간절히 기도해 주고, 어렵고 시험든 자에게는 새로운 앞날의 소망을 주고 도와 주며, 그들을 자신의 몸같이 돌봐오고 있습니다. 자녀들을 주의 일에 헌신케 하고 선교와 복음 전하는 사역자로 살도록 기도해 주며, 기도의 기적을 일으키신 원장님입니다.

 많은 기도원이 있지만 천보산민족기도원은 기도원의 본질을 잃지 않고, 많은 사람들이 모이고 기도의 기적을 보게 되는 것은 전적으로 우 원장님의 기도의 삶이 맺고 있는 열매입니다.

 이 책을 읽노라면 우 원장님이 만난 주님을 만나게 될 뿐만 아니라 주님이 도우신 섭리와 경륜의 손길이 얼마나 큰지를 느끼게 되고, 하나님의 사람 됨과 기도의 사람 됨을 알게 될 것입니다.

이 작은 책이 목회자들에게는 한 사람을 변화시켜 쓰시는 산 증인으로, 신학도와 교사들에게는 삶의 지침서로, 모든 성들에게는 영성 형성과 신앙 생활에 가이드라인으로 읽혀지기를 소망합니다.

우 원장님의 삶이 이전 영광보다 나중 영광이 더욱 크기를 바라며, 기도하는 마음과 함께 이 책을 적극 추천합니다.

주후 2015년 8월 15일
웨스트민스터 신학대학원대학교 총장 **정인찬**

프롤로그

눈물의 세월을 춤으로 바꾸신 하나님

지나온 세월을 돌아보면 걸음마다 하나님이 동행해 주셨음을 느낀다. 인생의 끝자락에 와서 하나님이 지금까지 나와 함께 하셨음을 증거하고 싶었다. 그래서 부족하나마 일생의 이야기를 책으로 출간하게 되었다.

미천하고 나약한 나를 주님의 자녀로 삼아주신 것도 감사한데, 기도 사역자로 부르시고 천보산민족기도원을 세우게 하신 것을 하나님께 진심으로 감사드리며 찬양을 올려드린다.

연약하고 보잘것없는 여종을 하나님은 귀하게 사용하여 주셨다. 말할 수 없는 고난과 역경이 있었지만 매 순간마다 하나님의 사랑과 기적으로 놀라게 하셨다.

일제 강점기와 한국전쟁을 겪으면서 눈물의 사연도 많

았다. 그러나 그 모진 역경의 세월 속에서도 어머니의 애틋한 사랑을 느끼게 하시고, 나라와 민족을 사랑하게 해 주셨다. 인민군에게 끌려가 처형 당할 뻔했던 위기와, 심장 수술로 인하여 생을 마감할 뻔했던 절체절명의 순간에도 하나님은 보호하시고 함께해 주셨다.

결혼 후에도 고난은 친구처럼 따라다녔다. 남편은 내가 예수님을 믿는다는 이유로 핍박하였고, 그를 견디다 못해 성경책 하나만 가지고 집에서 나왔다. 오직 목숨을 하나님께 맡기고 삼각산에 올라가 일 년 사 개월 동안 기도하던 때가 기억난다. 딸의 죽음으로 인하여 어미 노릇을 제대로 못한 내 자신을 돌아보며 철저하게 회개하였고, 하나님은 기도 훈련을 통하여 내 신앙을 정금처럼 빛나게 하셨다.

모든 것을 상실하고 벼랑 같은 인생의 밑바닥에 도달했을 때, 하나님은 나를 만나주셨다. 그리고 세상 것 다 버리고 온전히 하나님만을 위하여 살게 하셨다. 삼각산 기도원을 내려왔을 때부터 하나님은 내 과거의 고난과 역경에 대하여 보상이라도 하시듯 폭포수와 같은 은혜와 복을 부어 주시기 시작하였다. 그리고 가난한 개척교회를 섬기게 하시고 지금의 천보산까지 인도하셔서 민족기도원을 세우게 하셨다.

 한 순간도 하나님은 나를 떠나지 않으시고 동행해 주셨다. 기도하는 것마다, 선한 일을 생각하는 것마다 하나님은 알고 응답해 주셨다. 나의 기도에 응답하신 하나님은 다른 이들의 기도를 돕도록 하기 위하여 기도원 사역자로 일하게 하셨다.

 자연의 풍광이 뛰어난 천보산 기슭에 하나님은 나라와 민족을 위한 기도원을 세우게 하시고, 바위 하나, 나무 한 그루까지도 친히 준비해 주셨다. 기도원 운영을 위하여 필요한 것들은 하나님이 미리 알고 챙겨주셨다. 하나님의 시간에 하나님의 일을 성취하게 하셨다. 기도원 건축과 운영의 어려움이 있을 때마다 하나님이 그 분야의 사람들을 붙여주셔서 은혜롭게 해결하게 하셨다.

한 순간도 하나님은 나와 가족들과 민족기도원에 대하여 눈을 떼거나 감지 않으셨다. 주무시지도 졸지도 않으시고 눈동자와 같이 보살펴 주셨다.

2014년 7월 5일 악몽 같았던 심장 수술로 인하여 절망의 나락으로 떨어졌을 때, 장남 홍 목사는 하나님께 간절히 기도하였고, 죽음의 그림자가 드리워진 나에게 용기와 희망을 주었다. 그리고 일생의 간증을 담은 자서전 출간을 권했다.

하나님의 은혜로 건강이 다시 회복되었고 아들의 말대로 자서전을 펴내게 되었다. 하나님께서 나를 불쌍히 여기

시고 도우셨던 은혜와 기적의 역사가 하도 놀라워 그냥 묻어둘 수가 없었다.

그 동안 기도의 동역자들이 수도 없이 많았지만, 그 중에서도 강문호 목사님, 정인찬 목사님, 임석순 목사님, 김용의 선교사님과 천보산민족기도원의 직원 모두에게 머리 조아려 감사를 드린다. 특히 묵묵히 순종하고 따라준 홍완진 목사를 비롯한 사랑하는 모든 가족에게 진심으로 고마움을 표한다.

2015년 8월 15일
천보산민족기도원에서
우정재 권사

목 차

추천사 _ 강문호 (갈보리교회 담임목사) … 4

김용의 (순회선교단 대표) … 7

정인찬 (웨스트민스터 신학대학원대학교 총장) … 9

프롤로그 … 12

1부 하늘의 보배, 천보산

01 하늘의 보배, 천보산 … 22
02 어린 시절과 어머니 … 27
03 6.25 전쟁과 피난길 … 43
04 죽음의 구덩이 … 49
05 "절밥을 먹으려면 시주를 해와야 한다" … 56
06 목숨을 연명해야 했기에 … 61
07 사랑하는 언니 문정숙 … 65
08 결혼 생활 … 70
09 어느 점쟁이의 말 … 74
10 "그럼, 교회에 한번 가봅시다" … 76

11 천국을 보다 … 81
12 전도의 불이 붙다 … 88
13 "쥐들아, 물러갈지어다!" … 92
14 남편의 오줌세례 … 97
15 사업 실패와 별거 … 103

2부 영혼과 육신을 살리는 기도원

16 삼각산기도원에서의 칩거생활 … 108
17 딸의 죽음과 회개 … 116
18 양말 장사를 도와준 무당 … 122
19 주님이 운영하시는 비닐 공장 … 127
20 78일간의 영등포 구치소 생활 … 134
21 개척교회를 시작하다 … 146
22 찬송 중에 거하시는 하나님 … 154
23 나의 등 뒤에서 나를 도우시는 주 … 160
24 생사를 오가는 길목에서도 … 165
25 날개가 되어준 두 아들 … 173
26 나의 멘토 유택진 원장 … 180
27 욥의 악창과 같은 류마티스 병 … 189

28 천보산민족기도원의 길이 열리다 … 200

29 앞날을 알려주는 예지몽 … 204

30 천보산민족기도원 터를 주시다 … 209

31 오병이어의 기적 … 220

32 영혼과 육신을 살리는 기도원 … 225

33 단절의 고통 … 239

- 우정재 권사님의 수술 이야기 _ 신제균 … 248
- 어머니의 삶을 돌아보며 _ 홍완진 … 252
- 에필로그 … 258

별첨 찬송숙제 간증

곽점례 하나님의 은혜 … 264

박순자 천보산기도원에서 만난 하나님 … 268

배길수 찬송하며 기도하며 … 270

이길용 나의 노래 … 274

이남희 하나님을 기쁘시게 하는 기도 … 278

주순옥 기도로 심고 찬양으로 영광 돌리라 … 282

김정애 고난이 유익이 되게 하신 하나님 … 284

1부

하늘의 보배, 천보산

01
하늘의 보배, 천보산

청명한 어느 오월의 마지막 주 토요일. 세상 사람들은 산과 들, 바다로 나가 주말을 즐기기에 여념이 없지만 '천보산민족기도원'에는 부르짖고 외치며 기도하는 소리가 늘 끊이지 않는다. 기도원이 적막하면 기도원이라 말할 수가 없다. 부르짖어 기도하는 소리와 찬송 소리가 늘 울려퍼지는 곳이어야 한다. 그러한 성도들의 기도를 하나님께서 들으시고 응답해 주실 것을 생각하면 기도 소리가 정겹고 마음이 편안해진다.

이미 여든셋의 늙은이인데도 기도원을 찾는 성도들은 원장인 나에게 상담과 기도를 받기 원하여 줄을 서 기다린다. 여러 가지 어려운 형편과 문제들을 호소하면서 해결책을 구하는 그들을 위하여 주님의 이름으로 간절히 기도하고 상담을 해준다. 주로 각자에게 해당되는 성경 말씀을 알려주고, 같은 찬송을 일주일쯤 계속 부르도록 숙제를 내준다. 그러면 지속적으로 기도하고 찬송하고 말씀을 듣는 가운데 마음의 문이 열리고 성령의 임재를 체험하게 되며, 하나님의 뜻을 발견하고, 하나님의 구원과 도우심의 역사가 나타난다.

정말 마른 막대기에 불과한 이 늙은 여종을 하나님은 지금까지 기도하는 이 거룩한 사역에 요긴하게 쓰고 계시니 몸 둘 바를 모르도록 감사하다.

전동 휠체어를 타고 상담실에서 사택까지 내려오는 길에 반가운 얼굴들이 인사를 한다. 기도원 계곡의 신선한 바람이 소나무 숲을 스치고 지나가면서 향긋한 솔잎 향을 풍긴다. 기도 동산이 있는 이 산의 이름이 '하늘의 보배'라는 뜻을 가진 천보산(天寶山)이다.

기도원으로 얼마나 절묘하게 딱 맞아떨어지는 이름인가? 하늘의 신령한 보배인 진리의 말씀을 전하고 하나님을 만나 신령한 복을 받는 곳이 아닌가? 하나님이 주신 이 아름다운 기도 동산에 소원을 안고 찾아오는 성도들이 하늘나라의 신령한 보배를 듬뿍 받아 가기를 소망한다. 매일 기도하는 성도들의 발길이 끊이지 않는 것은 오직 하나님의 은혜가 아닐 수 없다.

방송 설교를 하는 유명한 목사님 한 분이 여기서 집회를 인도하면서 찬송과 기도가 살아있는 기도원이라고 격려해 주신 말씀이 기억난다. 아마 평일에도 계속하여 찾아오는 기도의 행렬을 보고 그렇게 말씀하신 것 같다.

천보산민족기도원에 와서 기도 응답을 받고 영육간에 복을 많이 받은 자들은 부지기수다. 영적으로 은혜를 체험하고 육신의 질병을 고치는가 하면, 경제적으로 고민하던 문제들이 많이 해결되었다. 그래서 천보산에 가서 기도해야 문제가 해결된다며 주일이 지나면 더 많은 성도들의 발걸음이 줄을 잇는다. 특히 강사로 오시는 목사님들이 복음적이고 성령 충만하다는 소문이 나 있다.

가끔 기도 응답을 받고 문제가 해결되었다고 선물을 챙겨오는 성도들이 있다. 어떤 분은 옷을 한 차나 싣고 오는가 하면, 쌀을 수십 부대씩 싣고 오는 분도 있고, 기도원 식구들을 위하여 쓰라고 여러 다양한 물품들을 갖다 주곤 한다. 기도원에서 응답받은 분들을 통하여 사랑을 많이 받고 있다.

요즘은 외국인들도 많이 찾아온다. 외국에 나가서 설교하는 부흥 목사님들이 한국에 있는 천보산기도원에 가면 성령의 역사가 많이 일어난다고 홍보를 하셔서 심지어 여행 온 외국인들이 단체로 집회에 참석하기도 한다. 헌금으로 달러나 위안화, 심지어 북한 인민 지폐도 들어온다. 언젠가 북한 지폐가 들어와서 경찰에 신고한 적도 있는데, 경찰에서 북한 지폐를 조사해 보니 화폐 개혁 전의 돈이라고 했다.

내가 신뢰하고 사랑하는 장남 홍완진 목사가 기도원 단

임으로 최선을 다하고 있다. 아들 둘이 다 목사다. 하나님은 나같이 연약하고 부족한 사람에게 이런 넘치는 은혜와 복을 부어주셨으니 자다가도 깨면 감사할 것밖에 없다. 지난 세월을 회상할 때에 모두가 하나님의 섭리이며 은혜라고 고백하지 않을 수 없다.

02 어린 시절과 어머니

내 고향 집은 충청도 천안 직산면 잔가리 51번지, 백오십 호쯤 사는 작은 동네이다. 우리 집은 비록 초가집이었지만 넓은 마당에는 보랏빛 무궁화와 빨간 봉숭아꽃이 만발하였고 울타리에는 진홍색 나팔꽃이 미소를 짓고 있었다.

나는 여덟 살 때 동네에서 십 리 반이나 떨어진 직산초등학교에 다녔다. 그때는 아이들이 책보라고 해서 보자기에 책을 싸가지고 다녔는데 나는 아버지가 사주신 가방을 메었고, 일본 아이들처럼 말쑥한 정장을 입고 다녔다. 치구들이 내 가방이나 입은 옷을 보고 얼마나 부러워했는지 모른다. 전교생 중에 가방을 메고 다니는 학생은 나뿐이었다.

아버지는 다른 지방에서 금광 사업을 하셨다. 광부와 직원이 일백 명쯤 되는 기업이었다. 어머니는 결혼하여 수년 동안 아이를 낳지 못하다가 요행히 나 하나를 낳았다. 그러나 아버지는 대를 이을 아들을 낳지 못했다고 어머니를 매일 구박하였다. 아버지는 유교 집안에서 출생하여 가부장적이고 엄격한 성격의 소유자였으며, 어머니는 불교 집안으로 민씨 가문의 부잣집에서 태어나 힘든 집안일은 잘 하지 못했지만 바느질과 음식 솜씨가 뛰어났다.

부모님은 한문에 능통하셨다. 그래서 우리 동네 마을 사람들의 문안 편지를 읽어 주기도 하고 대신 답장을 써 주기도 하셨다. 어머니는 나를 공부시키기 위하여 네 살 때부터 천자문을 가르쳐주셨다.

어느 해 2월이었는데 내 생일 겸 책을 뗀 기념으로 어머니는 떡을 해서 이웃집에 갖다 주라고 하셨다. 그래서 그 떡을 들고 집집마다 가지고 가면 동네 어르신들이 "정재

너는 참 예쁘게도 생겼구나" 하면서 칭찬을 해주고 머리를 쓰다듬어 주시곤 했다. 나는 그 칭찬받는 것이 좋아서 떡 심부름을 열심히 한 기억이 난다.

어머니는 내가 출생할 때 특별한 태몽을 꾸셨다고 한다. 우리가 살던 동네에 있던 산을 숫바위 산이라고 하고, 그 옆에 있는 산을 암바위 산이라 불렀는데, 꿈에 숫바위 산에서 흰옷을 입은 인자한 한 서양 사람이 나타나 어머니에게 "내가 네게 선물을 줄 터인데 잘 키우라"고 말했다고 한다. 지금 생각하면 꿈에 예수님께서 어머니에게 임신 소식을 알려주신 것 같다. 엄격한 유교와 불교 집안에서 교육받은 부모님에게서 예수님을 모시는 나와 두 아들이 나왔다는 것은 만세 전부터 계획된 하나님의 섭리가 아니겠는가.

초등학교에 다닐 때 일본 식민치하의 폭정과 엄격한 교육이 어렴풋이 기억난다. 학교에서는 일절 조선말을 사용하지 못하게 하였다. 매주 학생들에게 딱지를 일곱 장씩 주었는데, 무심결에 조선말이 튀어나오면 친구들이 딱지를 한 장씩 빼앗아갔다. 그리고 한 주가 지난 후에 몇 장의 딱지를 가지고 있는지 선생님이 점검하였다. 딱지를 빼앗긴 아이들은 그 벌로 교실과 화장실 청소를 하였다. 한국인이 한국말을 사용할 수 없었고, 또 태극기도 달거나 소지할 수 없었다.

다섯 살로 기억하는데, 하루는 어머니가 나를 불러 앉히고는 장롱 반닫이 문을 열고 그 속에서 버선을 꺼내셨다. 그리고는 빛바랜 헝겊조각을 하나 더 꺼내시더니 내 무릎 위에 펼쳐주었다. 이것이 무엇이냐고 잔뜩 호기심 어린 눈망울로 묻는 나에게 어머니는 "지금 학교에 달려 있는 국기는 일본 국기이고, 이것이 진짜 우리나라 태극기인데, 가지고 있는 것이 발각되면 잡혀간다"고 말씀하시면서 내 손을 꼭 잡고 이런 당부의 말씀을 하셨다.

"정재야, 네가 이 다음에 자라서 크게 되면 우리나라 태극기를 집집마다 걸어놓고 살았으면 좋겠구나! 그리고 너는 우리나라가 일본에서 해방되도록 힘쓰고 애써야 한단다. 우리나라를 일본 놈들이 강제로 빼앗고 우리나라 사람들을 종으로 만들었단다. 그래서 우리는 일본 놈들한테 아무리 억울한 일을 당해도 어디에다 호소할 수도 없는 처지란다. 이렇게 나라 없는 설움이 괴롭고 비참할 줄 누가 알았겠니? 정말 원통하기 짝이 없구나! 빨리 이 나라가 해방이 되어야 할텐데…"

 어머니는 철부지 어린 나를 붙잡고 하소연하셨다. 어머니의 두 눈에는 눈물이 그렁그렁 맺혀 있었다. 그리고 나에게 목이 멘 목소리로 "너는 부지런히 밥 많이 먹고 어서어서 자라거라! 그리고 공부도 잘해야 한단다" 하고는 하염없이 눈물을 흘리셨다. 이렇게 어머니는 나라를 잃은 설움에 복받쳐 겨우 다섯 살밖에 안 된 나를 무릎에 앉혀 놓고는 태극기를 보여주면서 비통한 속마음을 털어놓으셨다. 어린 나는 아무 것도 모르면서 "네, 네" 하며 어머니가 빨리 눈물을 그치기만을 바랐다.

 어머니는 일제 식민통치에서 속히 우리나라가 해방되기를 간절히 원하셨다. 아마 내가 그때부터 이 나라와 민족의 소중함을 생각했던 것 같다. 그래서 지금 우리 기도원이 민족기도원이 되었고, 본당에도 기도원 넓은 마당에도 태극기가 게양되어 있다. 우리 기도원이 나라와 민족을 위하여 기도하는 민족기도원이 된 것은 결코 우연한 일이 아니다.

3.1 독립만세운동이 있을 당시 큰아버지는 충남 병천면 면장으로 계셨다. 독립운동가 유관순이 와서 태극기를 만들어야 한다고 하니 큰아버지는 면에 있는 공금을 다 내어 주면서 독립운동에 쓸 태극기를 만들 수 있도록 해주셨다. 그 일로 큰아버지는 일본 순사에게 쫓기는 신세가 되었다. 젊은 아내와 네 살짜리 딸과 두 달밖에 되지 않은 아기를 들여다보지도 못하고 그 길로 괴나리봇짐을 싸 가지고 야밤에 피신을 하였다.

일본 순사들이 우리 큰집에 가서 큰아버지를 아무리 찾아도 찾지 못하자 화가 난 끝에 큰어머니를 대신 잡아가서 얼마나 혹독한 고문을 가했는지 큰어머니는 그 고문으로 인하여 한쪽 눈이 멀게 되었다. 그리고 그때 두 달밖에 안 된 어린 딸을 데리고 3년 동안이나 공주 형무소에 갇혀 있었다.

하루아침에 부모의 보살핌을 받지 못하게 된 네 살배기

사촌은 돌아다니면서 거지처럼 동냥질을 하였다. 어느 날 애꾸눈 아들을 두었다는 노 씨란 자가 겨우 다섯 살밖에 안 된 여자아이를 민며느리로 삼겠다고 데리고 갔다. 그리고는 집안의 온갖 궂은일은 다 시키면서 밥도 제대로 주지 않았다고 하는 이야기를 훗날에야 들었다. 나라를 위하여 목숨을 걸었던 한 독립운동가의 자녀가 그러한 비극적인 삶을 살 수밖에 없었던 것이 그 당시 우리나라의 처참한 현실이었다.

1945년 8월 15일, 마침내 간절히 바라던 해방이 되었다. 그러나 여전히 우리 집은 평화롭지 못했다. 아버지는 수시로 어머니가 아들을 낳지 못한다고 구박을 해대었다. "아들도 못 낳는 주제에 들소같이 밥을 먹어서 뭐하냐"고 하면서 면박을 주었다. 밥을 먹어도 먹은 것 같지 않고, 잠을 자도 쉬는 것 같지 않아 어머니는 늘 마음이 불안하였다.

어느 추운 겨울날 온 천지에 눈이 하얗게 내렸다. 세상은 조용하고 고요하였으나 어머니와 나의 가슴은 천둥 번개가 치는 것 같았고 온 세상이 캄캄해졌다. 겨울 한기처럼 차가워진 아버지는 어머니의 짐을 마차에 차곡차곡 싣고서는 대뜸 어머니에게 나가라고 소리를 질렀다. 방에 앉아 있는 어머니를 억지로 끌어내고는 당장 나가라고 고함을 쳤다. 아버지의 억센 손에 마당까지 끌려나와 우두커니 서 있는 어머니를 아버지는 다시 등을 떠밀어 문 밖으로 밀쳐냈다.

어머니는 시린 눈물을 흘리면서 "나를 이렇게 나가라고 해서 어쩔 수 없이 나가기는 하겠지만, 우리 정재만은 데리고 가게 해 주시오"라고 애원하면서 주저앉아 울었다. 아버지는 들은 척도 하지 않고 어머니만 쫓아냈다. 어머니는 어린 내가 눈에 밟혀 쉬이 동네를 떠나지 못했다. 평소 알고 지내던 집에 들어가서 바느질을 해주며 며칠을 버티다가 어느 날 나를 만나자고 하시기에 몰래 만났다. 초췌하게 말라 보이는 어머니는 떨리는 손으로 내 얼굴을 만지면서 말씀하셨다.

"정재야, 엄마도 없는데 어떻게 살고 있니? 그래도 울지 말고 씩씩해라. 새엄마 말을 잘 들어야 한다."

너무 어렸던 나는 어머니가 무슨 말을 하는지도 모르

고 "예" 하고 대답했다. 그후 몇 달이 지나 새엄마가 들어왔다. 지금 생각해 보니 아버지는 그 여자를 데려오고 싶어서 어머니를 모질게 구박하고 쫓아낸 것이 아니었는가 싶다.

여덟 살에 어머니와 헤어진 후 새엄마 눈치를 보면서 살아야 했다. 그러나 다행히도 업둥이로 들어온 여덟 살 위의 언니가 하나 있었는데 착하고 어진 성격이었다. 어머니의 빈 자리를 언니가 대신해 주어서 많은 위로가 되었다.

나는 열한 살에 심하게 홍역을 앓았다. 온몸에 열이 펄펄 나면서 열꽃이 빨갛게 돋았는데 며칠이 지나도 사그라들지 않았다. 홍역이 낫지 않고 오래도록 고생을 하자 아버지는 측은한 마음이 들었는지 아픈 나를 보고 이렇게 말씀하셨다.

"어미가 죽어 못 보게 되어도 병이 생기는데, 살아있는 어미를 못 보니 저 어린것이 얼마나 한이 되겠느냐"고 하면서 어머니 집에 보내주겠다고 하였다. 아마 내가 걱정이 되어 서울로 간 어머니가 몇 차례 우리 집으로 편지를 보내와서 그 주소를 알고 있었던 것 같다. 내가 아프고 난 어느 날 아버지는 서울 어머니 집의 주소를 붓글씨로 큼지막하게 써서 내 가슴 앞에 한 장, 그리고 등 뒤에 한 장 붙여주면서 서울 가는 열차를 태워주었다. 주소는 "경성 을지로 5가 동사원정 59번지"였다.

가방을 앞에다 끼고 기차를 타고 서울역에 도착은 했지만 나 혼자 어머니 있는 곳을 어떻게 찾아 가야 할지 막막했다. 어찌할 바를 모르고 낯선 사람들만 지나다니는 서울역 광장 벤치에 무턱대고 앉아 있는데 서너 시간이 지나면서 앞이 캄캄해지고 점점 무서워지기 시작했다. 지나가던 어떤 사람이 울상을 짓고 있는 나를 유심히 바라보더니 가까이 다가와 내 앞뒤에 새겨진 글씨를 보고 말을 걸어왔다.

"애야, 충청도에서 왔구나."

난 말없이 고개만 끄덕거렸다. 그는 주소를 보면서 "여기를 너 혼자 찾아가는 길이냐?"라고 물었다. 내가 그렇다고 했더니 전차를 태워주면서 파고다 공원 옆 을지로 5가에서 내리라고 알려주었다. 나는 그의 말대로 을지로 5가를 찾아갔지만 또 어디로 가야 할지를 몰라 한 곳에 웅크리고 앉아 있었다. 이번에는 우체부 아저씨가 내 등 뒤의 주소를 보고는 "얘야, 내가 길을 가르쳐 줄 테니 날 따라 오너라"고 하며 친절히 안내해 주었다. 그 우체부 아저씨 덕분에 어머니와 극적인 상봉을 하게 되었다.

어머니는 을지로에 내가 하숙할 집을 마련해 주셨다. 그 집의 주인은 일본인 여자 교감이었다. 그리고 어머니는 한 달에 한두 번 나에게 와서 월사금과 하숙비를 주고 가셨다. 혼자 생활하다 보니 항상 어머니가 그리웠다.

처음에는 어머니가 나와 함께 살지 않아 재혼한 것이 아닐까 의심하였다. 그래서 어느 날 몰래 어머니의 뒤를 쫓아가 보니 어머니가 일본 사람들이 많이 모여 사는 청량리 골목 도시락 집으로 들어가는 것이었다. 그 가게에서 식모살이를 하다 보니 밤낮으로 일을 하지 않으면 안 될 처지였던 것이다. 어머니가 나를 위하여 고생하시는 모습을 보고 너무나 안쓰러운 마음이 들어 혼자서 많이 울었.

그후 나는 아무 일이라도 해서 불쌍한 어머니를 돕고 싶었다. '무슨 일을 해서 어머니를 도와드릴까' 하고 고민을 많이 했다. 나는 하숙집 골목의 쓰레기 치우는 일을 도맡아 했다. 스무 집 정도의 쓰레기를 치웠는데 어떤 것은 너무 무거워서 열두 살 소녀가 감당하기에는 참 버거운 일이었다.

그리고 빗자루로 집집마다 골목길을 깨끗이 쓸었다. 동네 반상회 자리에서 골목 청소며 쓰레기 치우는 일을 도맡아 하는 아이가 나라는 사실을 알고 한 집에서 5전씩 모아 나에게 수고비를 주었다. 그때는 담배나 두부도 배급으로 나오던 시절이었다. 나는 담배나 두부를 사서는 다시 야매로 팔고, 비지도 사고파는 장사를 해서 열두 살 때부터 내 월사금을 해결할 수가 있었다. 그 당시 학교에 내야 할 월사금은 2원 50전이었다. 그렇게 해서라도 어머니의 경제적 부담을 줄여드리고 싶었다.

그때는 나뿐만이 아니라 누구든지 잘 먹지 못하고 살던 시절이었기 때문에 '하루걸이'라고 불리는 질병이 있었다. 영양 결핍으로 생기는 병이었다. 지금도 잘 먹지 못하는 아프리카나 미개한 후진국에서 흔히 볼 수 있는 병이다. 영양

실조에 걸린 어린이들 절반이 이런 병을 앓고 있었다. 그리고 '며느리고금'이라는 병도 있었는데 그 질병의 증세는 오전에는 괜찮다가 오후가 되면 열이 나고 으슬으슬 추워지면서 오뉴월에도 한기를 느끼는 병이었다. 그런데 내가 그 며느리고금이라는 병을 앓게 될 줄이야…. 약 사먹을 돈도 없거니와 좋은 음식도 먹을 수 있는 형편이 아니었다.

하루는 어떤 사람이 주인집에 삼계탕을 끓여 가지고 왔다. 닭의 배를 갈라 속에다 찹쌀을 듬뿍 넣어서 끓였는데 군침이 절로 돌았다. 일본 사람들은 그것을 다 먹지 않고 가슴살만 떼어 가지고 튀김을 해 먹고 남은 것은 쓰레기통에 버린다.

나는 아직 먹을 만한 고기가 붙어 있는 것이 너무 아까워 얼른 쓰레기통에서 꺼내와 깨끗이 씻은 다음 냄비에 물을 가득히 붓고 푹 끓였다. 그리고 소금을 조금 넣어서 간을 맞춘 후 부뚜막에 쪼그리고 앉아 정신없이 퍼먹었다. 기운이 나고 눈이 밝아지는 것 같았다. 그리고는 희한하게 그 며느리고금이라는 병이 뚝 떨어졌다.

지금은 학교에서 점심에 급식이 나오기 때문에 도시락을 싸가지고 갈 필요가 없지만, 그 당시에는 도시락을 집에서 직접 준비해서 가져가야 했다. 그러나 나는 도시락을 싸가지고 다닐 형편이 아니었다. 도시락도 못 챙겨오는 내가 불쌍했는지 어떤 때는 선생님이 자기 도시락을 나에게 주기도 하셨다. 나는 고마운 마음에 선생님이 시키는 심부름은 무엇이든지 해드렸다. 그러나 계속해서 점심을 얻어먹을 수가 없어서 점심 시간이 되면 바깥으로 나와 배회하다가 수돗가에 가서 물을 실컷 마셨다. 한참을 먹고 나면 배가 불러왔다. 참으로 힘들고 배고픈 시절을 보냈다.

학교에서 공부한 기억보다도 매일 반공 연습을 한 것이 기억난다. 그 훈련은 집에 와서도 마을 어른들과 함께 모여 연습을 했다. 1미터 간격으로 사람들이 줄지어 선 다음에 양동이에 물을 담아서 일렬로 선 사람들이 그 물을 전달하여 날랐다. 아마 화재 진압 훈련이 아니었나 싶다. 원래 우리나라 사람들은 치마저고리를 입었있는데 반공 훈련을 위하여 그 당시에 유행하던 몸뻬바지를 입어야 했다.

학교에서는 일본 아이들과 함께 공부를 하였는데 일본

애들이 우리를 '조센진'이라고 부르면서 무시하고 돌팔매질을 하였다. 유아 시절에 어머니는 나에게 태극기를 보여주면서 우시곤 했다. 나라 잃은 서러움이란 겪어보지 않은 사람은 모른다. 그래서 나는 어떻게 해서라도 공부를 잘해야겠다고 생각했다.

어머니는 내 뒷바라지를 하시면서 돈 한푼 쓰지 않고 지독할 정도로 아끼고 아껴서 그 당시로는 큰돈인 일천 원을 모으셨다. 해방이 되기 전에 일본 사람들은 자기네가 망한 것을 눈치 채고 시골에서 온 학생들을 고향으로 돌려보냈다. 공부도 덜 마쳤는데 미리 졸업장을 주었다.

한동안 천안 직산 고향에서 살다가 열여덟 살 무렵 취직을 위하여 다시 서울에 올라왔다. 그리고 영등포에 있는 '고려방직회사'에 취직하여 '시다'(보조) 일을 하게 되었는데 광목을 짜고 감고 다리는 일이었다. 나는 주로 다리는 일을 했다.

나는 어릴 적에 학용품 없는 친구들을 보면 너무나 불쌍하여 학교 앞 문방구에서 도둑질을 해서 친구들에게 나

뉘준 적이 있다. 그런데 이제는 공장의 광목을 훔쳐 팔아서 가난한 이웃들에게 쌀을 사라고 주었다. 그 당시 광목 한 마가 쌀 한 말 가격이었다. 물론 나쁜 짓인지 알면서도 불쌍한 사람들을 보면 그냥 지나칠 수가 없었다. 예수님을 믿은 후에 이런 과거의 죄는 모두 회개하였다.

그때 회사에서는 '전위대'라는 것을 조직하였다. 정부에서 각 회사마다 전쟁을 대비한 훈련을 하도록 지시한 것으로 짐작이 된다. 전쟁 유사시에 전위대에서 훈련을 받은 사람들은 전쟁에 투입되었다. 여자들도 간호사나 여군들처럼 참전할 수 있었다. 2년 동안 일주일에 한두 번 훈련을 받았는데, 후에 이 전위대 훈련받은 것 때문에 괴뢰군들에게 붙잡혀 죽을 곤욕을 치르기도 했다.

03
6.25전쟁과 피난길

6.25전쟁이 터지자 서울에 살았던 나는 고향 직산으로 피난을 갔다. 교통수단이 끊겨 걸어서 갔는데 꼬박 삼일이 걸렸다. 다들 피난하느라 바빠서 먹을 것을 파는 가게는 눈을 씻고도 찾을 수가 없었다. 돈이 있어도 사 먹을 수가 없으니 배고픈 피난민들은 떼로 몰려다니며 남의 참외 밭이나 오이 밭에 들어가 열매와 야채를 따먹었다.

피난길은 위험하기 짝이 없었다. 수시로 북한군 비행기가 '쐑쐑' 소리를 내며 머리 위로 지나갔다. 그리고 우리 뒤를 따라 인민군 탱크가 밀려오고 있다고도 했다 우리는 정신없이 서둘러 걸었다. 다리가 놓인 곳을 지나다가 피난민들이 폭격기를 피해 다리 밑으로 숨어들었는데, 그만 그 다리가 폭격 당하는 바람에 다리 밑의 사람들이 한꺼번에 죽기도 했다.

그런데 함께 피난을 내려가던 사람들이 위험한 길을 피해 가자며 한 소녀가 인도하는 행렬에 합세하였다. 나도 그 말을 듣고 행렬에 끼었는데, 적어도 한 삼백 명은 족히 되어 보였다. 사람들이 열을 지어 앞 사람을 따라가는데 맨 앞의 선발대에 열다섯 살쯤 되어 보이는 앳된 소녀가 길을 인도하고 있었다. 한참을 가다가 산모퉁이에서 쉬는 동안 사람들이 선발대 소녀에게 물었다.

"너는 어떻게 그 많은 총알을 피해서 갈 수 있니?"

그 소녀는 이렇게 대답했다.

"저는요, 어느 길을 알아서 가는 것이 아니라, 제 앞에 노란 십자가가 보이는데 그 십자가가 인도하는 대로 따라가는 거예요."

그 소녀의 말을 들은 어느 장로님이 "아가씨는 하나님의 은혜를 정말 많이 입은 사람이군"이라고 말했다. 그 소녀는 평소에 하나님께 기도를 많이 했을 것이다. 그렇게 소녀가 인도하는 길을 따라갔던 사람들은 비록 먹을 것은 없었지만 생명에는 아무 지장 없이 안전하게 피난할 수 있었다. 나는 지금도 그 피난길을 인도해 주신 분은 주님이라고 믿는다.

하나님은 그렇게 나의 목자가 되셨고, 우리를 안전한 바위 밑에 두신다는 말씀처럼, 나는 그때 주님을 몰랐지만, 내가 불신자였을 때에도 하나님은 나를 선하게 인도하셨다.

평택을 막 지나자 어둠이 짙게 깔렸다. 잠 잘 곳이 없어서 그냥 먼 산만 바라보고 앉아 있는데, 어떤 아저씨 한 분이 다가와 "잘 곳이 없어서 그렇게 앉아 있구나" 하면서 자기가 방세를 주고 빌린 방에서 그의 어머니와 함께 자라고 말했다. 감사한 마음으로 그 친절한 아저씨를 따라 방으로 들어가니, 그의 모친이 잠자리 이불을 펴고 있었고 다른 할머니 한 분도 같이 계셨다. 나는 인사를 하고 방 한 쪽에 짐을 내려 놓았다.

잠시 후에 어린아이 하나를 등에 업은 한 여자가 신세

를 지키 위하여 방으로 들어왔다. 그런데 아이를 방바닥에 눕히려고 내려 놓는데 먼저 와 계셨던 할머니가 그 아이를 보더니 소스라치게 놀라는 것이 아닌가. 그 아이도 그분을 보는 순간에 "할머니"라고 부르며 그 품에 달려가 안기면서 꺼이꺼이 숨이 넘어가도록 우는 것이었다. 아이를 업고 온 여자와 나는 무슨 영문인지 모르고 그 장면을 한동안 지켜보기만 하였다. 한참을 울고 난 후에 진정을 되찾은 할머니가 사연을 말해주었다.

"이 아이는 제 친손주입니다. 전쟁통에 급하게 피난을 나오면서 우리 아들이 이 늙은 에미와 손자 두 명을 다 데리고 올 수 없었어요."

양식 보따리와 노모와 아들 둘을 다 데리고 피난길을 오른다는 것은 큰 무리였다. 피난민들이 북새통을 이루고 이리 밀리고 저리 밀리는 상황에서 아이 하나도 손을 놓치면 잃어버릴 판이었다. 노모를 안전하게 모시기 위해서는 어쩔 수 없이 아들 하나는 집에 남겨놓고 와야만 했다. 할머니는 이제 살 만큼 산 이 늙은이가 무슨 영화를 보겠다고 생때 같은 어린 손주를 떼어놓고 와야 했는지 죄책감이 들어 내내 가슴을 치며 울었다고 한다. 그렇게 영영 못 볼 줄 알았던 귀한 손주를 오늘 이렇게 전혀 낯선 곳에서 뜻밖의 상봉을 하게 됐으니 얼마나 감격적인 순간인가.

그 여자의 사연도 참 기구하였다. 자식들 네 명을 데리고 함께 피난길에 올랐다가 모두 잃었다는 것이다. 그녀는 네 자녀를 한꺼번에 다 잃고 앞이 캄캄한 상태에서 울며불며 방황하다 어느 빈 집에 들어가게 되었다.

그런데 방 안에서 아이 우는 소리가 들려서 가보니 방문은 밖으로 잠겨 있고 어린 아이 하나가 문풍지를 다 찢고 안에서 흐느껴 울고 있는 것이었다. 이 난리통에 부모는 죽고 이 아이만 혼자 남게 되었나 보다 생각하니 불쌍해서 도무지 이 아이를 두고 발길이 떨어지지 않았다.

그녀는 죽은 자식들 생각해서라도 그 아이만은 살려야겠다 생각하고 열흘 동안 밥동냥을 해가면서 여기까지 왔다고 하였다. 그 말을 들은 우리는 어떻게 이런 우연이 있을 수가 있냐고 하며 감탄하였고, 함께 축하해 주었다. 그 아이는 그렇게 구사일생으로 목숨을 건지고 또 부모와 할머니를 만나게 되었던 것이다.

 그 당시 이 이야기는 어머니를 구하기 위해서 자기 아들을 버리고 피난 나온 효자 이야기로 신문에 기사화되기도 하였다. 늙은 어머니를 살리기 위해서 어린 자식을 혼자 놔두고 피난길에 올라야 했던 그 아비의 마음이 어떠했을까? 아직 하나님을 믿지 않았던 때였지만 현장에서 직접 그들의 이야기를 듣고 두 눈으로 목격한 나는 하나님이 그 아들의 효성에 감동하셔서 노모와 그 아들들까지 살려주신 게 아닌가 하고 생각했다.

04
죽음의 구덩이

피난길에서 죽을 고생을 다하여 고향집에 도착했다. 이미 천안도 인민군들 천지가 되었다. 피난을 가도 살 수 있다는 보장이 없으니 차라리 고향에 있는 것이 낫겠다고 하며 남아 있는 사람들도 있었다.

빨치산 부대가 동네를 점령하여 인민군들이 골목을 휘젓고 다녔다. 그들과 공산당에 동조하는 동네 청년들이 합세하여 반동분자를 색출한다고 했다. 남한 군인이나 경찰 그리고 공무원 가족 등 밥술이라도 조금 뜨는 집의 가족들은 다 반동분자로 몰아세웠다. 그리고 피난을 가지 못한 가정들을 모두 조사하여 빨치산 부대에 보고하였다.

피난 가지 않은 집집마다 찾아가서 조사를 하였는데, 인민군과 완장을 찬 앞잡이 청년들이 아무 때나 들이닥쳤다. 밥을 먹다가도 온 식구가 나와 서 있어야 하고, 잠을 자다가도 문을 두드리면 밖으로 다 나가 그들의 말에 복종해야 했다. 그들의 행패가 이만저만이 아니었다. 무례한 것은 둘째치고 폭력과 살인을 예사로 저질렀다. 그들의 뒷모습만 보아도 소름이 돋고 섬뜩하였다.

인민군들은 반동으로 몰린 자가 있거나 마음에 들지 않는 가족들을 대문 밖에 세워놓고는 "너희가 지금 살고 싶으냐, 아니면 죽고 싶으냐"라고 하면서 "너희들이 살고 싶으면 지금부터 뒤도 돌아보지 말고 그 길로 백 리 밖으로 나가라"고 명령했다. "만약 뒤를 돌아보는 자가 있으면 다 총살해 버리겠다"고 위협하였다.

인민군의 명령에 복종하지 않으면 무자비하게 그 가족들을 따발총으로 쏘아서 죽이기 때문에 가족들은 목숨을 보존하고자 그들의 명령이 떨어지기가 무섭게 쫓겨서 도망을 가야 했다. 그 때문에 그 가족들은 아무 것도 챙겨 나오지 못하고 억울하게 맨몸으로 쫓겨나야 했고 하루아침에 알거지가 되어 방황하였다.

인민군들은 사람을 강제로 내보낸 후 그 집에 들어가 가축과 물건들을 강탈하였다. 먹을 양식은 말할 것도 없고 된장, 고추장까지 다 퍼갔다. 날강도가 따로 없었다. 그들은 최소한의 양심도 없이 인권을 짓밟고 잔인하게 목숨까지도 앗아갔다.

나도 반동분자로 몰리고 말았다. 서울 방직공장에 있을 때에 회사에서 전위대 교육을 받았었는데 그 정보를 입수하고 총을 찬 인민군과 동네 청년 몇이 들이닥쳤다. 그리고는 다짜고짜 조사할 것이 있다면서 강제로 끌고 갔다. 나는 신발도 신지 못한 채 우악스런 그들의 손에 이끌려 잡혀갔다. 직산면 곡식 창고에 나를 쳐넣었다. 거기에는 이미 나 말고도 서른 명의 동네 사람들이 모여 있었다.

창고에 27일 동안이나 갇혀 있으면서 양치질도 세수도 한 번 하지 못했다. 그들은 우리를 짐승 다루듯 했다. 화장

실도 다니지 못하게 하고 대소변 볼 깡통을 넣어주었다.

그렇게 창고에 가둔 지 일주일이 지나서 나를 조사하겠다고 취조실로 데리고 갔다. 일종의 고문실인데 고문에 사용할 물이 큰 고무통에 한 가득 담겨 있었다. 그리고 한쪽 옆에는 선반 아래 여러 개의 갈고리가 걸려 있었다. 사람의 손을 묶어 매달아 둘 때 사용하는 것 같았다. 그리고 전기 고문실에는 손에 끼는 가락지가 많이 있는데 그 가락지를 손가락에 끼우고 전기 고문을 시키는 것이었다.

음침하고 흉측한 고문실을 목격하는 순간, 나는 마치 귀신이라도 본 것처럼 소름이 돋고 머리털이 쭈뼛쭈뼛 서는 것처럼 무서운 공포가 엄습하였다. 살기등등한 눈길로 한 젊은 인민군이 나를 노려보며 질문했다.

"너는 물고문을 당해 볼래, 아니면 전기고문을 당해 볼래? 어떻게 해야 네가 쉽게 말을 꺼내겠는지 선택권을 주겠다."

나는 너무 무서워서 다리가 후들거리고 전신에 소름이 쫙쫙 돋아올랐다. 너무 떨려서 무엇이라고 말해야 할지 몰랐다. 그러나 "호랑이에게 물려 가도 정신을 차리면 산다"는 말이 생각나서 눈을 똑바로 뜨고 반문했다.

"내가 왜 고문을 받아야 합니까?"

그는 냉소를 지으며 "동무는 전위대에서 2년이나 훈련받지 않았나?"라고 했다. 나는 전위대에서 훈련받을 수밖에 없었던 경위를 또박또박 설명했다.

"물론 전위대 교육을 받은 것은 사실이지만 회사에서 일하고 있었기 때문에 아무 것도 모르고 받은 것입니다. 돈을 벌어 먹고 사는 직원이 회사에서 하라는 대로 했을 뿐인데 내가 무슨 죄를 지었단 말입니까?"

그러자 나에게 "그러면 인민공화국에 충성할 수 있느냐"고 물으며 "네가 충성하겠다고 말하면 고문하는 걸 다시 생각해 보겠다"라고 하였다.

그렇게 공포스런 고문실에서 위협받고 있을 때 인민공화국 사무실에서 일하는 오빠가 찾아왔다. 그는 아버지가 어머니와 결혼하기 전의 전처 소생이었다. 일본에서 사회주의에 빠져 살다가 형무소까지 들어갔다 나온 후 전쟁통에 세상이 바뀌자 인민공화국 사무실에서 근무하게 된 것이다.

그 오빠가 내가 고문실에 갇혀 있는 것을 어떻게 알고 찾아왔다. 그리고는 취조하던 자들에게 말하기를 "우정재가 내 동생인데 너희들이 병신을 만들려고 하느냐"고 하면서 "나를 봐서라도 우리 정재는 고문하지 말아 달라"고 부탁하였다. 그들은 나를 고문만은 하지 않겠다며 다시 곡식 창고에 가두었다.

창고에 갇힌 지 27일째 되는 날 밤, 갑자기 창고 안에 있는 사람들을 전부 나오라고 하더니 새끼줄로 굴비를 엮듯이 묶어서 어딘가로 끌고 갔다. 우리 맨 앞에는 총을 멘 자들이 앞서 가고 또 뒤에도 사람들이 도망가지 못하도록 총을 멘 인민군이 바짝 붙어 따라왔다. 분위기가 심상치 않았다. '우리를 몽땅 죽이려고 하는가?' 하는 공포가 엄습했다.

산비탈로 한참을 올라갔는데 그곳은 폐광산이었다. 마른 큰 구덩이가 파여 있는 곳에 이르더니 그 구덩이 안으로 다 들어가라고 명령하였다. 사람들은 겁에 질려 우물쭈물 눈치만 보고 있었다. 그 구덩이에 모두 몰아넣고 죽이려는 것이 분명했다. 여기서 내 인생이 끝나는 것인가 생각하니 문득 부모님 얼굴이 떠오르면서 눈물이 왈칵 쏟아졌다.

다들 새파랗게 질린 얼굴로 구덩이 앞에 둘러서 있는데, 총을 든 인민군 한 명이 갑자기 내 이름을 부르더니 나를 따로 묶으라고 지시하였다. 다른 인민군 한 명이 내게 오더니 굴비처럼 엮인 여러 사람들로부터 나를 분리하여 맨 뒤로 끌어내 따로 묶었다. 그리고는 앞에 있는 사람들을 무작위로 군홧발로 걷어차 구덩이에 밀어넣더니 '두두두두-' 마구잡이로 총을 갈겨댔다. 컴컴하고 적막한 밤하늘에 총성과 비명 소리가 메아리 쳤다.

나는 극도의 공포감으로 오금이 저렸다. 인민군 한 명이 뒤에 따로 묶어 놓았던 내게로 투벅투벅 걸어오더니 밧줄을 풀어 주고 오빠에게로 보냈다. 그 지옥 같은 죽음의 구덩이에서 하나님은 구사일생으로 나를 살려내셨다.

05
"절밥을 먹으려면 시주를 해와야 한다"

오빠는 죽음의 위기에서 은밀하게 나를 도와 내 생명을 구해 주었다. 그리고는 혹시 모르니 집이나 친척 집으로 내려가지 말고 멀리 도망을 치라고 일러 주었다. 신발도 신지 않고 맨발로 산에 올라 하룻밤 오빠와 함께 숨어 지냈다.

이튿날 멀리 동네에서 닭 우는 소리가 얼핏 들려서 눈을 떴다. 이른 새벽인데 누군가 "정재야, 정재야" 하면서 나즈막하게 나를 부르는 소리가 들렸다. 반가운 언니 목소리였다. 언니가 내 소식을 알고 산에 와서 나를 찾았던 것이다. 맨발인 채 서 있는 나를 보고 자기가 신고 있던 운동화를 벗어주면서 신으라고 하였다.

"언니는 어떡하고."

"지금 네가 내 걱정 할 때니? 난 집에 가면 다른 신발이 있잖아."

언니는 편지 한 장을 주면서 "공주 계룡산 '마곡사'에 있는 주지 스님한테 가서 이 편지를 보여 주면 너를 보호해주고 밥은 먹여 줄 것이다"라고 했다. 아마 언니가 가끔 찾아가서 시주하던 절이 아닌가 싶다. 언니는 독실한 불교 신자였고 절에도 자주 다녀서 문보살로 통했다. 언니의 도움으로 나는 그 편지를 가지고 이틀을 걸어 계룡산 마곡사를 찾아갔다.

간신히 물어물어 그 절을 찾아갔는데, 이틀이 지나자 주지승이 "절밥을 먹으려면 시주를 해 와야 한다"고 하면서 다른 여자에게 딸려 같이 보냈다. 내가 입고 간 치마저고리는 벗고 중이 입는 적삼을 입고 머리에는 고깔모자를 눌러 썼다. 영락없는 여중이었다. 한 사람에게는 목탁을 주고, 나에게는 꽹과리를 주었다.

나는 염불을 어떻게 하는 것인 줄도 몰랐기 때문에 함께 간 그 여자를 쫓아다니면서 심부름만 하였다. 어떤 집에서는 처녀들이 시주를 왔다고 하면서 잘 해주는 사람들도 있는가 하면 아예 무시하고 안면몰수하는 사람들도 있었다.

그러던 중 어느 한 집에 들어가게 되었다. 주인이 말하기를, 우리를 기다렸다고 하면서 자기 아들이 물에 빠져 죽은 지 삼 일이 지났는데 그를 위해서 넋걷이를 해주면 쌀서 말을 주겠다고 하는 것이었다. 우리는 쌀을 얻을 마음에 죽은 혼의 넋걷이를 해 주기로 했다.

함께 동행한 그 여자가 함지박에 떡과 과일을 넣은 다음에 그것을 줄로 매달아 강물 위에 띄운 다음 함지박을 맨 끈을 그 어머니가 붙들게 하고 넋걷이 염불을 읊어대기 시작했다. 우리는 어떻게 하는 것인 줄도 몰랐는데 다행히 그 죽은 아들의 엄마가 먼저 염불처럼 넋두리를 시작했다.

"넋이야 혼이야, 애미가 왔다. 나오너라 나오너라."

"못 다 입고, 못 다 먹고 죽은 귀신아, 언제 오려는가. 물이 막혀 못 오느냐 산이 막혀 못 오느냐. 이 배 타고 오너라."

그렇게 그 엄마가 울면서 원통한 푸념을 늘어놓더니, 그 다음에는 우리에게 염불을 하라고 하였다. 나는 당황하여 어찌할 바를 모르고 있는데 나와 함께 간 여자가 대뜸 넋두리를 늘어놓았다.

"넋이야 혼이야 나오너라 나오너라. 예수님도 십자가에 달려 억울하게 죽었건만 너는 어찌하여 물에 빠져 죽었느냐? 넋이여 어서 나오너라."

그 여자는 주절주절 계속하여 푸념을 잘도 늘어놓았는데, 무슨 말인지 잘 알지는 못했지만 죽은 혼에게 돌아오라는 말을 하는 것 같았다. 그런데 나에게도 한 소절 염불을 외우라고 하는 것이었다. 이왕에 적삼을 입었으니 어릴 적 불교 집안에서 보고 들었던 것을 생각하여 흉내를 냈다.

"칠성님께 비나이다. 썩을 손목 마주잡고 세상에 태어날 때, 아버지의 뼈를 빌고 어머니의 살을 빌고, 동방신께 명을 이어 마른 자리 저린 자리 키웠건만 네가 먼저 가면 어떻게 하느냐."

이렇게 어려서 주워들은 소리를 한참 했더니 그만하라

고 했다. 그렇게 그 집의 넋걷이를 해 주고 쌀 서 말을 받았다. 오는 길에 그 함께 간 여자는 자기가 예수쟁이라고 하면서 인민군들에게 붙잡히면 예수 믿는 신자들은 총살감이니 이렇게 절에 숨어 있는 것이라고 하였다.

그 뒤로도 한동안 집집마다 시주나 동냥을 다녀서 곡식이나 물품을 얻어오면 절 식구들이 다들 좋아라 하였다. 그러나 나는 언제까지나 그렇게 시주나 다니며 얻으러 다닐 수는 없다고 생각하고 절을 나와버렸다.

06
목숨을 연명해야 했기에

  나와 함께 있던 여자는 계룡산 절에서 나와 부산으로 피난을 갔다. 아무래도 부산에 가야 안전할 것 같았다.

  미싱 공장에 다니는 고향 사람의 주선으로 부산의 한 미싱 공장을 찾아갔다. 서울에 있을 때 잠시 방직 공장에서 일했던 경험이 있어 그 일이 낯설지 않았다. 취직 자리 알선을 위하여 그가 세 사람을 데리고 갔는데 두 사람은 불합격하고 나만 일하게 되었다. 그래서 계룡산에서 함께 왔던 예수를 믿는 여자와도 헤어졌다. 그 공장은 군복을 전문으로 만드는 공장이었는데 나는 시다(보조)로 취직이 되었다. 하루에 군복이 몇천 벌씩 들어오는 큰 공장이었다.

피난민들이 모두 다 부산으로 몰리는 바람에 방을 구할 수가 없었다. 산비탈에 다 쓰러져가는 하꼬방도 빈 방이 없을 정도였다. 국제시장과 자갈치 시장에는 하루 일용할 음식을 얻기 위하여 온갖 장수들이 시장 바닥에 줄지어 앉아 있었다. 방을 구하지 못한 나는 하는 수 없이 공장 창고에서 생활을 했다.

하루는 내가 아는 고향 사람이 입을 만한 바지가 없다고 하면서 그 공장에서 나오는 바지를 하나 사달라고 하였다. 그래서 나는 "내가 일하는 공장인데 굳이 살 필요가 뭐 있나요. 한 벌 가져다 드리지요"라고 말하고, 선심 쓰듯 군복 한 벌을 몰래 숨겨두었다가 그 사람에게 가져다 주었다. 그는 고맙다고 하면서 밥도 사주고 먹을 것도 주었다.

나는 밥 얻어 먹는 재미에 주위 사람들이 군복이 필요하다고 하면 마치 내 것인 양 하나씩 챙겨다 주었다. 가난한 피난민들은 돈이 없어 바지 하나도 살 수 없는 형편이었다. 돈이 생기면 굶주리고 있는 피난민들에게 빵과 우유를 사다주기도 했다. 그들은 몇 번이나 눈물을 흘리며 고맙다고 하면서 내가 무슨 일을 하는지 물었다.

"아가씨는 대체 무슨 일을 하는 사람인데, 우리에게 이렇게 먹을 것을 사 주는 거요?"

나는 군복을 빼내어 판다는 말은 못하고, 제품 공장에서 일을 하기 때문에 돈을 많이 번다고 둘러댔다. 지나온 과거를 돌아볼 때 참으로 부끄러운 일이지만, 그때는 무슨 짓을 해서라도 먹을 것을 구해야 했다. 일단 밥은 얻어 먹고 목숨은 연명해야 하는 비참한 시대였던 것이다.

그런데 문제가 발생했다. 공장에서 물건이 계속 없어지자 제품을 누가 빼돌리는지 조사에 착수했다. 나뿐만 아니라 다른 직원들도 예사로 물건을 숨겨서 나왔던 것이다. 꼬리가 길면 잡힌다는 속담이 있듯이 조만간 발각될 것 같은 두려운 마음이 들었다. 그래서 개인 사정으로 떠나야 할 일이 생겼다고 핑계대고 황급히 짐을 싸 가지고 공장을 나와버렸다. 스물한 살의 처녀가 남에게 욕을 먹고 손가락질 받는 것이 겁이 났기 때문이다.

곤경에 처할 때마다 고향에 계신 부모님이 그리웠다. 그리고 사랑하는 가족들이 어떻게 살아갈까 무척 궁금하고 걱정이 되었다. 그러나 눈만 뜨면 생계를 이어가는 일이 우선이었으므로 다른 것은 생각할 겨를이 없었다.

나는 다른 공장에 가서 3개월을 더 일하고 다시 고향집으로 갔다. 맥아더 장군의 인천상륙작전이 성공하여 인민군들은 북으로 후퇴하고 잔류된 북한군들은 목숨을 건지려고 깊은 산 속으로 숨어들었다. 고향에 돌아왔으나 먹고 살려면 다시 취직하는 수밖에 없었다. 그래서 언니가 서울에 있다는 소식을 듣고 다시 서울로 갔다.

07
사랑하는 언니 문정숙

내가 열서너 살쯤 되었을 때 나와 우리 언니가 성이 다르다는 것을 알고 아버지께 여쭈어 보았다.

"나는 우씨인데, 왜 언니는 문씨예요?"

아버지께서 어느 날 대문 앞에 나가 보니 누가 아기를 두고 가서 키우게 되었는데 그 업동이가 언니라고 했다. 그런데 이제 그 업동이가 잘 자라서 시집을 갔다고 말씀하셨다. 친언니인 줄로만 알았는데 남이었다는 말을 듣고 큰 충격을 받았다. 언니의 처지가 참 안됐고 불쌍하단 생각이 들었다.

내가 여덟 살 때 어머니가 쫓겨나간 후에 엄마처럼 믿고 따르던 사람이 언니였다. 언니는 나에게 부모와 같은 존재였다. 언니는 열일곱 살에 시집을 갔다. 이제 그 언니가 시집을 가고 없으니 집안이 텅 빈 것 같고 허전했다. 새엄마에게는 정을 붙이지 못하고 그냥 집이 싫어질 때, 가끔 시집간 언니의 집을 찾아갔다. 언니네 집은 우리 집에서 약 십 리쯤 떨어진 곳에 있었다.

언니가 보고 싶어 찾아가면 시누이 네 명이 눈을 흘기며 왜 왔느냐고 구박을 하였다. 어떤 때는 언니 집에는 들어가지 못하고 우물가에 앉아 몇 시간이고 언니가 물 길러 나오기를 기다렸다.

언니는 "내가 언제 나올지 알고 이렇게 무턱대고 기다리고 있느냐"고 우물가에 앉아 있는 내가 너무 안쓰러운 나머지 야단을 쳤다. 그리고 물을 지고 집에 갔다가 나올 때는 누룽지나 삶은 감자를 간식으로 싸가지고 왔다. 언니는 내가 그것을 다 먹을 때까지 함께 있어주었다.

시간이 늦으면 언니 집에서 자고 학교에 가기도 했다. 단

칸방에서 온 식구가 같이 잠을 잤다. 아침에 일어나면 언니 시댁 어른들의 눈치가 보여 마당도 쓸고 청소도 했다. 그리고 아침 밥을 얻어 먹고 학교에 갔다.

그 이후로 나는 서울에 올라가서 어머니의 도움으로 초등학교를 다니느라 한동안 언니를 만날 수가 없었다. 해방이 되기 전에 고향에 내려왔는데 어느 날 언니가 이혼 당했다는 소리를 들었다. 그때 언니의 나이는 겨우 스물아홉이었다. 아이를 낳지 못해 소박을 맞았다고 했다. 그러나 내면에 무슨 사정이 있었는지는 알 수 없다.

나는 혼자 된 언니를 도울 마음이 있어 언니와 함께 쌀장사를 했다. 시골 부잣집에서 쌀을 야매로 사서 모아두었다가 서울에 가서 파는 일이었다. 서울에 쌀이 귀해서 쌀값을 곱으로 받을 수 있었다. 쌀 두 말을 애기 업듯이 등에 짊어지고 역전까지 져다 주면 언니가 서울로 가져갔다. 어떡하든 언니가 경제적으로 회복되도록 돕고 싶었다.

언니가 쌀 장사로 돈을 좀 모은 후에는 영어학원에 등록하여 영어를 배웠다. 막 해방이 된 후라 미군들이 관공서

마다 관여하였고, 사람들은 취직을 위하여 영어를 배우려고 애를 썼다. 언니는 그때 나에게 이렇게 말했다.

"지금 괜찮은 일자리를 구하려면 영어를 배워야 해."

그래서 언니는 영어 학원에 등록하여 한 5개월 배우더니 미군 부대에 취직을 하였다. 언니는 손짓 몸짓을 동원하여 영어로 말하며 악착같이 일을 배워 보려고 노력했다. 그리고 미군 장교의 비서가 되었다. 그는 부지런하고 성실하다 하여 가끔씩 부대에서 나오는 담배를 언니에게 주었다. 시중에는 담배가 비쌌기 때문에 그걸 팔아서 용돈이라도 마련하라는 것이었다.

언니는 부대 담배를 가지고 나와서 팔았고 형편이 전보다 차츰 나아졌다. 월급을 알뜰하게 모아서 을지로 4가 대한극장 뒤에 조그만 이층 집을 장만하였다. 아래층은 가게를 세 주고, 위층은 언니가 살림집으로 썼다. 언니는 공부를 많이 하지는 못했지만 영특하고 지혜로운 사람이었다.

나는 어릴 때부터 장사하는 데 관심이 많았다. 열무김치가 너무 먹고 싶어서 내가 언니에게 열무 장사를 해야겠다고 말했다. 그때가 7월쯤 되어 열무가 귀할 때였는데 콩밭 열무가 맛있어서 그 열무를 사기 위해서 평택시장에 갔다. 처음이라 잘 몰라서 물을 축여서 가지고 나온 열무 서른 단을 사서 대한극장 옆의 시장에 가서 팔았다. 물에 젖은 채소 잎사귀가 짓물러 썩고 냄새가 났다. 물기 없는 스무 단은 팔고 그 썩은 것은 다 버렸다.

  막심한 손해를 보고는 그 뒤로 열무 장사는 거두었다. 그러나 어릴 때부터 장사하여 돈을 버는 일에는 관심이 많았다.

08
결혼 생활

스물셋이 되었을 때, 아버지는 우리 동네에 있는 홍가네 집의 총각과 결혼하면 어떻겠느냐고 했다. 그 집안의 고모가 여러 번 찾아와서 아버지께 자기 조카를 자랑하였다. 신랑감의 고향은 평양이고 해병대 출신이며 전쟁에서 장애를 입은 상이군인이었다. 다시는 전쟁에 나갈 일이 없는 사람이니 조건이 좋다고 하셨다.

그 당시에는 젊은 남자들이 많이 전사하여 신랑감 구하기가 그리 쉽지 않았다. 나는 부모님이 말씀하시면 그대로 순종하는 것으로 알았기에 시집가기 싫다는 소리도 못하고 그 사람과 결혼을 하게 되었다.

신랑이 결혼식장에 왔는데 제대할 때 입었던 군복을 입고 군화를 신고 군인 넥타이를 매고 왔다. 방 한 칸도 없는 아주 가난한 사람이라서 친정집에서 신접 살림을 차렸다. 그런데 결혼한 후 남편은 매일 밖에 나가 어디서 술을 얻어먹고 오는지 취해서 비틀거리며 들어오곤 했다. 그러한 남편을 보고는 아버지가 속았다고 화를 내셨다.

아버지의 성화에 못 이겨 친정집에서 두 달 동안만 살고 우리 부부는 쌀 두 말을 가지고 서울 영등포로 올라왔다. 언니가 살던 집이 비어 있다는 말을 듣고 임시로 들어가 살기로 했다.

언니는 미군부대에서 비서로 일하고 있었기 때문에, 아무 기술도 없는 남편을 언니가 소개하여 소방대원으로 취직을 시켜 주었다. 남편은 처음 몇 번은 월급을 곧잘 갖다 주더니 나중에는 월급도 주지 않고 처자식에게는 아무런 관심도 없었다. 도박에 빠져 월급을 빚으로 다 날리고 잦은 외박에 매일 술에 취한 상태에서 허랑방탕하게 살았다

내게 남편은 없는 것이나 다름 없었다. 아니 차라리 없는 것이 더 나았다.

첫 딸을 낳았지만 생활비가 없어 몸조리를 하고 누워 있을 처지가 못 되었다. 두 주밖에 안 된 아기를 그 추운 냉방에다 재워놓고 장사를 하기 위해서 동대문 시장과 남대문 시장을 종일 돌아다녔다. 집에 돌아오면 아기의 얼굴은 새파랗게 질려 겨우 목숨만 붙어 있었다. 저체온증으로 숨도 제대로 쉬지 못하고 있는 아기를 품에 꼬옥 안고 있으면 몸이 서서히 녹으면서 체온이 올라가 그때에야 숨을 고르게 쉬었다. 통 먹지를 못해서 잘 나오지도 않는 젖을 물리면 아기는 그래도 살겠다고 젖을 쪽쪽 빨아댄다.

에미 잘못 만나서 이 어린것이 죽을 고생을 한다 생각하니 한없이 미안하고 불쌍해서 눈물로 젖을 물릴 때가 한두 번이 아니었다. 어떻게서든 아기와 함께 살아보려고 발버둥을 쳤다. 모진 역경이 마치 친구처럼 나를 따라다녔다. 아무리 시련을 피해보려고 안간힘을 써도 늘 되돌아오는 것은 절망뿐이었다.

어느 날인가는 밥이 없어 언니 집에 쌀을 얻으러 갔다.

언니는 내 형편을 눈치 채고 아기 기저귀 가방에 쌀을 조금 넣어주었다. 그 모진 세월에 아이 셋을 어떻게 키웠는지 지금도 생각하면 눈앞이 아득하다. 하나님의 간섭과 도우심이 없었더라면 나와 아이들은 살아남지 못했을 것이다.

 아이들이 조금 크니 함께 사는 이웃 사람들이 우리 애들을 돌봐주었다. 나는 다시 나가서 돈을 벌기 시작했는데 미군부대에서 나온 담요나 바지를 사서 시장에 내다 파는 일이었다. 미군 담요를 팔게 되면서 형편은 점점 좋아졌다. 어떤 때는 한꺼번에 백 장의 담요가 팔리기도 했다. 돈 다발을 이불 속에 감추어 두기도 했다.

 남편은 가정과 아이들을 돌보기는커녕 날마다 술에 취해 들어와서는 폭력을 휘두르면서 욕을 하고 집안에 있는 물건들을 때려 부수었다. 돈을 모아두면 가져가서 도박으로 날렸다. 견딜 만큼 견뎌 보았으나 더 이상은 그 남편과 살 수가 없었다. 거의 매일이 지옥 같은 생활이었다. 아이들을 바로 키우기 위해서라도 더이상 결혼생활을 유지할 수 없다고 생각했다

결혼 생활

09
어느 점쟁이의 말

아직 예수님을 믿지 않았을 때 용한 점쟁이를 만난 적이 있었다. 사월 초파일을 얼마 남겨두지 않은 어느 날, 어느 점쟁이 집에서 젊은 여자들 몇이 연등을 달기 위하여 등에 한지를 붙이고 있었다. 점을 치는 여자가 있는 집은 조선 기왓집으로, 마루가 딸린 여러 채의 방이 있었다.

점치는 손님 방에는 방석이 두 개 가지런히 놓여 있었다. 이 집에는 주로 권세 높은 사람들이 찾아온다고 하였다. 그 날도 국회의원 부인이 찾아왔다. 마루에는 번호표를 받은 여러 여자들이 대기하고 있었다. 한쪽에서는 여러 여자들이 둘러앉아 연등을 만들고 있었다.

그런데 방으로 들어가던 점쟁이가 대뜸 나에게 어떻게 오셨느냐고 묻고 절을 하는 것이었다. 처음에는 내 옆에 있는 국회의원 부인에게 인사하는 줄로만 알았는데 나에게 한 것이었다.

"큰 신을 모신 분이 뭐하러 여기까지 오셨습니까? 당신은 치마만 둘렀지 남자 열 몫을 해낼 것입니다. 절대 남편이 덕이 되지 못하니 혼자 살 팔자입니다. 당신의 양 어깨에는 비둘기가 앉아 있습니다."

그 점쟁이는 처음 보는 나에게 정중하게 예를 갖추어 절하고는 장차 내가 큰 신을 모시게 될 것이라고 말했다. 나는 그때만 해도 그 점쟁이가 무슨 말을 하는지 이해하지 못했다. 괴팍한 남편이 나를 힘들게 한다는 것을 어떻게 점쟁이가 용하게 바로 알아맞혔다고만 생각했다.

세월이 지나 천보산민족기도원 원장이 되어 민족과 나라를 위하여, 그리고 기도원에 오는 많은 사람들을 위해 기도해 주는 일을 하다 보니, 하나님은 이미 그때부터 나와 동행하신 것이 아닌가 하는 생각이 들었다.

10
"그럼, 교회에 한번 가봅시다"

우리가 살던 집은 마당 하나에 여러 가구가 모여 사는 집이었는데 초입에 세 들어 사는 강 집사라는 사람이 있었다. 매일 새벽마다 기도를 하러 다니고 매일같이 심방 다니느라고 집에 붙어 있는 날이 없는 여자였다. 어쩌다 집에 있을 때는 나에게 와서 그저 "예수님이 어쩌고저쩌고, 모세가 어쩌고저쩌고" 하면서 열심히 전도를 했다.

알아듣지도 못하는 소리를 하는데 귀찮고 시끄럽기만 했다. 나는 속으로 "하루 벌어 먹고 살기도 바쁜데 예수는 무슨 예수" 하면서 귀를 기울이지 않았다.

강 집사의 전도가 듣기도 싫고, 바쁜데 자꾸 찾아와서 지껄이니 어떤 때는 혼자 그러다가 지치면 말겠거니 하고서 딴전을 피우곤 했다. 그래도 강 집사는 끈질기게 나를 전도하려고 애썼다.

그런데 그때 엄마처럼 따르던 언니가 중병에 걸렸다. 병원에 가서 진찰한 결과 식도암이라고 하였다. 하늘이 무너지는 청천벽력 같은 소식이었다. 언니의 암 소식을 듣고 잔뜩 걱정하고 있는 나에게 강 집사가 말하길, 교회 가서 기도하면 예수님이 고쳐준다는 것이다.

"하나님은 능치 못하심이 없으니 기도하고 하나님께 맡기면 언니를 꼭 고쳐 주실 거예요."

예수님은 장님의 눈을 뜨게 하셨고, 문둥이를 깨끗하게 낫게 해주셨고, 중풍병자를 일으키셨고, 죽은 나사로를 살리신 분이라고 하면서 주님은 능치 못함이 없으시니 주님을 만나면 모든 문제가 다 해결된다고 하였다. 나는 귀가 번쩍 열렸다.

하루는 강 집사가 같이 교회 가자고 내 한복을 말끔히

다려주고, 고무신을 뽀얗게 닦아 놓았다. 하도 성가시게 하여 "그럼, 교회에 한번 가 봅시다"라고 대답했다.

늘 미루고 가지 않다가 어느 날 강 집사와 함께 교회에 가려고 길을 나섰는데, 마침 친구를 만났다. 한참 동안 둘이서 안부를 묻고 극장에 갔다온 이야기를 재미나게 하고 있는데, 강 집사가 예배 시간이 다 되었는지 안절부절 못하고 서 있다가 혼자서 소리 내어 기도하기 시작했다. "주여 주여, 아이 엄마가 발을 떼게 해 주시옵소서. 시험이 물러가고 속히 교회로 향할 수 있도록 도와주시옵소서"라고 우리가 듣도록 소리내어 기도하였다. 얼마나 민망하고 부끄러웠는지….

하는 수 없이 친구와 헤어지고 교회로 향하면서 "길에서 그렇게 떠들면서 기도하면 어떻게 하느냐? 그게 할 소리냐"고 핀잔을 주었다. 예배당에 가서 앉았어도 목사님의 설교가 귀에 들어오지 않고 자꾸 졸리기만 했다. 그렇게 처음 나간 교회가 영등포중앙교회였다.

그러나 언니의 병을 고치려면 하나님께 열심히 기도하지 않을 수 없었다. 나는 기도하면 하나님께서 고쳐주신다는 강 집사의 말을 듣고 하나님께 한 번 죽기살기로 매달려 보기로 하였다. 그때부터 교회에 가서 울고 짜고 하면서 기도가 무엇인지도 모르면서 그저 우리 언니를 고쳐달라고 떼쓰며 기도하였다. 매일 기도하다 보니 무릎의 옷이 다 해어져서 무르팍이 울긋불긋 나왔지만 추운 줄도 모르고 그렇게 기도만 하러 다녔다.

어느 날 가만히 기도를 하는데, 절에 가서 부처에게 빌어도 천번 절을 하면 부처가 한쪽 눈을 지그시 뜨고 기도하는 사람을 바라본다고 하는데, 예수님은 이렇게 매일 기도하는데도 불구하고 눈에 나타나지 않으니 괜히 강 집사와 목사에게 속고 있는 것이 아닌가 하는 의심이 들었다.

나는 하나님께 서원 기도를 드렸다. 예수님이 우리 언니만 고쳐준다면 내 집 재산을 다 모아서 가난한 자에게 다 나눠주고, 문전걸식을 할지라도 예수님만 잘 믿으면서 살겠다고 하였다. 나는 무슨 수를 써서라도 언니를 살리고 싶은 마음뿐이었다.

언니가 성모병원에 입원해 있을 때, 내과 과장을 찾아가서 내 식도를 언니에게 이식시켜 달라고 부탁하기도 했다. 어머니처럼 따르던 언니였으므로 그 언니를 살리기 위해서는 내 목숨이라도 주고 싶었다.

그러나 언니는 47세에 이 세상과 영영 이별하였다.

천국을 보다

대한극장 뒤에 살 때다. 언니가 소화가 잘 안 된다고 해서 병원에 가서 진찰을 하니 식도암 초기라고 하였다. 언니는 통 음식을 먹지 못했고, 몸은 쇠약해져 갔다. 지금만 같아서도 의술이 발달하여 좋은 약과 다양한 항암 치료를 통하여 얼마든지 손을 쓸 수 있었겠지만, 그때는 의사들도 회복의 가능성을 장담하지 못했다. 나는 언니를 살리려고 이 병원 저 병원 좋다는 병원은 다 다녔다.

병원 치료에 차도가 없자, 그 다음에는 신유의 은사가 있다는 전국 기도원을 순례하게 되었다. 그 당시에 '새나라

택시'가 처음 나왔을 때였는데 그 택시를 한 대 세를 내서 언니를 데리고 전국의 좋다는 기도원은 다 데리고 다녔다. 서울 근교는 말할 것도 없고 심지어 대구까지 내려갔다. 어느 날 지인 중 한 사람이 과천에 있는 어느 기도원에 가면 신유의 은사가 있는 사람이 있다고 하였다. 언니와 나는 그 원장을 만나러 갔다.

원장은 집을 바치면 병을 낫게 해주겠다고 말했는데, 후에 들은 소문에 그는 신학적으로 문제가 있는 사람이라고 하였다. 그러나 나는 언니를 살릴 수만 있다면 집이라도 하나님께 바치겠다고 기도드렸다. 눈물이 얼마나 나오는지 수도꼭지를 틀어놓은 것같이 줄줄 흘러내렸다.

뜨겁게 기도하다 처음으로 환상 중에 천국을 보게 되었다. 마치 창문이 열리는 것처럼 내 가슴이 활짝 열렸다. 영안이 열려 나를 바라보니 얼굴은 보이지 않고 가슴만 보이는데 음성이 들렸다. 언니를 살리고 싶은 마음이 간절하다 보니 하나님의 마음을 감동시킨 것 같았다. 햇빛보다 더 밝은 빛이 나를 둘러쌌다. 그리고 하나님의 음성이 들렸다.

"네가 왜 여기 있느냐?"

하늘을 울리는 거룩한 음성을 듣고 나는 두려운 마음에 바짝 엎드렸다.

"주님, 언니가 식도암에 걸려 병을 고치기 위하여 기도하는 중입니다. 제발 우리를 불쌍히 여기시옵소서."

언니가 병원에서 환자복을 입고 철장 같은 데 갇혀 있는 것이 보였다. 그러더니 순식간에 장면이 바뀌어 언니가 환자복을 벗고 하늘색 드레스를 입고 나타났다. 방금까지 언니가 갇혀 있던 철장은 화려한 꽃무리로 바뀌었다. 언니가 꽃으로 둘러싸인 채 가벼운 구름처럼 두둥실 떠올랐다. 그리고는 그 꽃가마가 천국의 문으로 들어가고 있었다. 시온의 대로가 열리면서 언니가 천국에 입성하는 환상을 보았다.

환상 중에 나도 언니와 함께 천국에 잠깐 들어갔다. 눈부시게 아름다운 천국이 펼쳐졌다. 사람 키만한 나무들이 열을 지어 섰는데 나무에는 화려하고 눈부신 꽃들이 만발해 있었다. 연분홍 벚꽃보다 더 탐스러운 화사한 꽃들이 나를 반겨주었다. 그리고 큰 바석에서 샘물이 폭포수와 같이 흘러내리고 있었다.

천상의 성도들이 그 물을 달게 마시면서 하는 말이, "이 물을 마시면 세상의 것을 다 잊어버립니다"라고 하였다. 그들은 빛나는 흰 옷을 입었는데 얼굴이 해같이 밝은 모습이었다. 흠도 티도 하나 없는 맑고 깨끗한 얼굴들이었다. 세상에서 언뜻 본 듯한 안면이 있는 사람들도 있었다. 그리고 갑자기 다시 어두워지더니 하나님의 음성이 들렸다.

"정재야, 세상 줄을 끊어라!"

우렁차고 거룩한 힘찬 음성이 내 귓전을 울렸다. 나는 요한계시록에서 천국이 기록된 곳을 읽었는데 아마 내가 본 천국의 장면은 생명나무와 생명수인 것으로 여겨진다.

> "또 그가 수정같이 맑은 생명수의 강을 내게 보이니
> 하나님과 및 어린 양의 보좌로부터
> 나와서 길 가운데로 흐르더라
> 강 좌우에 생명나무가 있어 열두 가지 열매를 맺되
> 달마다 그 열매를 맺고 그 나무 잎사귀들은
> 만국을 치료하기 위하여 있더라"(계 22:1-2).

나는 언니가 천국에 들어가는 것을 보고 비록 불교 신자로 평생을 살았지만 예수님의 우편 강도처럼 하나님께서 용서하시고 은혜를 베푸신 것이라고 믿었다.

언니는 결국 병을 고치지 못하고 마흔일곱에 소천하였다. 언니는 암을 고치려고 애쓰다가 교회에 나가게 되고 복음의 진리를 접하게 되었다. 어린 나이에 시집을 가서 정신적인 스트레스를 많이 받았고, 이혼의 충격에다 혼자서 너무 과로하면서 산 것 같았다. 비록 언니가 병은 고치지 못했지만 예수님을 믿고 구원을 받게 되었으니 얼마나 다행이고 감사한 일인가?

사실 나도 언니의 투병 기간 동안에 영적으로 더 깊은 체험을 하게 되었다. 합력하여 선을 이루게 하시는 하나님께서 비록 언니가 질병으로 고통당하였으나 영적으로 더 주님 앞에 가까이 나아가게 하셨고, 성령님의 큰 위로를 주셨다. 언니가 운명하기 전에 나에게 이렇게 말했다.

"정재야, 너무 고맙다. 내가 죽는다 해도 지금 마음은 편하다, 내가 내조할 남편이 있는 것도 아니고, 부산펴야 하는 자식이 있는 것도 아니고, 오늘 죽는다고 해도 마음에 걸리는 것은 없다. 다만 네 정성에 보답하지 못한 것이 미안하구나."

언니는 조용하게 눈을 감고 하나님의 품에 안겼다.

삼각산에서 백일을 작정하고 기도하던 때이다. 한 달쯤 기도하였을 때 천국을 경험하였다. 하늘색 드레스를 입은 여자들이 줄을 지어서 올라오는 것이 보였다. 세어 보니 삼백 명은 족히 되는 것 같았다. 그런데 그 사람들이 내가 있는 곳까지 오더니 내가 기도하는 터 주변에 동그랗게 둘러서는 것이 아닌가? 그리고 하나님의 음성이 들려왔다.

"세상의 왕자나 공주도 이렇게 사람을 세워서 지키게 하는데 하물며 하나님의 딸인 너를 천군천사가 지키지 않겠느냐?"

감미로운 주악이 하늘을 울리고, 나를 옹위하고 있던 여자들이 춤을 추기 시작하였다. 나도 그들을 따라서 함께 춤을 추었다. 그런데 내 몸과 발이 얼마나 가벼운지 폴짝폴짝 뛰면서 돌고 날아오르기도 하였다. 한동안 신비롭고 아름다운 선율에 이끌려 춤을 추다 보니 어느새 날이 밝아 아침이 되었다.

비가 오는 날이면 사람들이 기도하지 않고 하산을 하였다. 한번은 밤인데 기도하다가 눈을 떠서 보니 투명한 비닐 같은 막이 씌워져 있는 것이 아닌가? 그것이 무엇인가 하고 보니 나를 감싸고 있는 보호막이라는 것을 깨달았다.

12 전도의 불이 붙다

언니의 암투병과 병을 고치기 위하여 기도원에 다니면서 기도했던 것이 나의 신앙이 깊어지는 계기가 되었다. 그리고 언니의 죽음을 앞두고 천국을 잠시 볼 수 있었던 큰 은혜를 체험하고 나서, 사람이 양심껏 살고 세상에서 성공하는 것이 진정한 성공이 아니라는 것을 깨달았다. 우리의 영혼이 예수님으로 말미암아 거듭나는 것보다 더 중요한 것이 없다는 것을 알았다. 그래서 나는 장사를 하면서도 전도에 대한 생각으로 가득 차 있었다.

그 당시 내가 세운상가에서 와이셔츠 도매상을 하고 있

을 때였다. 그때 월남치마가 처음 나왔는데 아주 인기가 좋았다. 나는 그 월남치마를 싸게 구입해서 매주 토요일날 가지고 다니면서 전도대상자들에게 하나씩 나눠주었다.

그 당시 내가 살던 영등포는 비가 오면 마누라 없이는 살아도 장화 없이는 못 산다고 해서 '진등포'라고 불렸다. 그만큼 장화가 아주 인기였는데 그 장화 중고품이 나오는 때가 있었다. 그때 장화를 많이 사 두었다가 전도할 대상자들에게 주었다. 그리고 우산도 싼 것이 있으면 남자들에게 주려고 사 두었다가 전도 용품으로 사용하였다. 그런 선물들을 받아서 사용한 사람들이 내 전도를 받고 한 사람씩 교회에 나오게 되었다.

어느 날 전도하기 위하여 동네 가정들을 방문하였다. 그 당시만 해도 먹고 사는 일이 힘들어 젊은 부부들이 아이들을 집에 두고 일하러 다녔다. 요즘은 번호키나 자물쇠로 잠가 놓고 다니지만 그때는 도둑이 가져갈 것이 없는데도 부모들은 굳이 아이들 보고 집 잘 지키라고 당부하고 외출을 하였다.

부모의 도움을 받지 못하는 아이들은 코를 많이 흘려 얼굴이 더럽고 음식도 제대로 챙겨 먹지 못해 초췌하기가 이루 말할 수 없었다. 나는 전도하러 갔다가 부모 없이 어린 아이들이 굶고 앉아 있으면 밥도 해먹이고 간식도 챙겨 주었다. 더러운 손과 발을 씻어주고 얼굴도 말끔히 씻어주었다. 아예 쌀독에 쌀이 하나도 없는 집에는 쌀까지 퍼다 주었다. 가난한 가정에 필요한 생필품을 사다 주면서 전도를 하였다. 내가 천국에 갔다 온 간증을 하면서 열심히 전도하였다.

필요한 생활용품을 주면서 전도하다 보니 돈이 많이 들었다. 세운상가에서 번 돈은 거의 전도비에 다 썼다. 그렇게 2년 동안 전도하였더니 나를 따라 교회에 온 사람들이 약 400여 명이나 되었다. 하나님께서 놀라운 전도의 결실을 맺게 하셨다.

이렇게 전도를 열심히 하게 된 동기는 내가 천국에 가서 체험한 것인데, 먹고 사는 일이 중해서 부지런히 일하고 성실하게 돈을 벌면서 살았던 사람들이 지옥에 가 있었다.

우리는 잠시 후에는 이 세상을 떠날 것인데, 먹고 사는 일에만 정신이 팔려 예수님을 믿고 천국 갈 준비를 하지 않으면 영원히 후회하게 된다는 것을 깨달았다.

이 세상은 잠깐이고 우리가 장차 가야 할 천국은 영원하지 않은가? 어찌 먹고 살기에 바빠서 교회 가는 시간을 미루겠는가? 성실하고 착한 사람들이 살기 바빠서 다른 데 생각을 빼앗기고 예수님을 믿지 못하는 것이 심히 안타까웠다. 사람들이 어찌 이 땅의 썩어질 것들에만 관심을 가지고 저 영원한 천국에 소망을 두지 않고 살아가는지, 세상 영혼들이 그렇게 가련하고 불쌍할 수 없었다.

13
"쥐들아, 물러갈지어다!"

하루는 언 땅이 녹아서 미끄러운데 장화를 신지 않고 고무신을 신고 나갔다가 진땅에서 흙을 너무 많이 묻히게 되었다. 집에 그냥 들어갈 수가 없어서 다른 집에 가서 옷을 깨끗이 빨아 입고 집에 늦게 들어갔다. 남편은 내가 늦게 들어왔다고 잔뜩 화가 나 있었는데, 그날따라 천장의 쥐들까지 정신없이 뛰어다니며 혼란스럽게 하였다.

잠을 설치며 옆에 누워 있던 남편이 괜스레 짜증을 부리며 내 탓을 하였다.

"천장에 있는 쥐를 죽이려면 바늘을 천장에다 꽂아 놓

으면 그 바늘에 찔려서 죽는다고 하는데, 여편네가 집구석에서 그런 것도 할 줄 모르고 영 살림에는 관심이 없으니 원…."

남편은 자주 나에게 아무것도 아닌 일에도 핀잔과 면박을 주며 싫은 소리를 하였다. 아내가 교회에 나가는 것이 못마땅하기도 하고, 더군다나 전도한답시고 늦게 들어오는 것이 싫었던 것이다.

"그렇게 매일 바깥으로 쏘다니니까 집구석이 이 모양이 아닌가."

더 이상 남편의 잔소리가 심해졌다가는 괜히 애들에게 무슨 불똥이 튈 것이 분명하여 마음이 조마조마했다. 누워는 있었지만 그날따라 쥐들이 유별나게 뛰어다니고 마음은 안정이 되지 않았다. 나도 법석을 떠는 쥐들이 좀 조용해지기를 바랐다.

그렇게 온 신경이 곤두세워져 있는데 갑자기 내 온몸에 불이 '확' 들어오는 것이 느껴졌다. 손끝으로 들어오는 불 같은 힘이었다. 그 순간 누운 채로 두 손을 천장을 향하여 번쩍 들고 방언으로 기도하기 시작했다. 그렇게 방언으로 한참 기도한 다음에 손을 뻗치면서 "예수님 이름으로 명하노니 이놈의 쥐들아 다 물러갈지어다!"라고 큰 소리로 기도했다. 그랬더니 그렇게 요란을 떨던 쥐들이 아주 조용해졌다. 정말 신기할 정도였다. 그 많던 쥐들이 다 없어진 것 같았다.

옆에서 나의 이상한 행동을 다 지켜보고 있던 남편이 "별 지랄하는 꼴을 다 보겠네"라고 한 마디 퉁명스럽게 던졌다. 그러나 남편도 내가 기도하고 한 행동에 대하여 속으로는 신통하다고 생각했을 것이다. 어쨌든 그날 밤은 쥐도 사람도 찍소리 없이 조용하게 잠을 잤다.

그 다음 며칠 뒤에 가게에 출근했다가 집에 늦게 돌아왔는데 애들이 방문에 구멍을 뚫고 들여다보면서 '킥킥킥' 하고 웃고 있었다. 나도 궁금해서 방안을 들여다보니 남편이 방망이를 천장에 대고 십자가를 그으면서 "이놈의 쥐들아, 물러가거라! 예수의 이름으로 물러가거라!" 하면서 내가 한 말을 흉내내고 있었다. 남편이 그렇게 외치는데도 쥐들은 아랑곳하지 않고 계속 퉁탕거리며 시끄럽게 뛰어

다녔다.

방에 들어가 누워 있는데 아들이 옆에서 "엄마, 엄마가 기도 한번 해봐"라고 했다. 지난번에 방언으로 기도하니 쥐들이 조용해졌던 것을 기억하고 다시 아들은 그렇게 해 보라고 졸랐다. "엄마 힘으로 하는 게 아니야. 하나님이 힘 주셔야 하는 거야"라고 말했다. 그런데 조금 후에 불이 확 오는 느낌이 들면서 내 팔에서 알 수 없는 힘이 느껴졌다. 그래서 또 두 손을 천장을 향하여 펴고 쥐들에게 외쳤다. 방언 기도를 힘차게 하고 "예수의 이름으로 명하노니 이놈의 쥐들아 다시는 시끄럽게 하지 말고 물러갈지어다!"라고 소리를 질렀다.

정말 신기하게도 천장에서 발광을 하던 쥐들이 조용해졌다. 그 광경을 옆에서 지켜보던 남편이 "내가 별 인간을 다 데리고 산다"고 말하고는 별 말 없이 잠이 들었다. 그런데 그날 이후부터는 천장에서 쥐 소리가 한 번도 나지 않았다.

바다에 풍랑이 거칠게 일어날 때 예수님은 바다이 파도

를 잠잠하게 하셨다. 그 주님께서 우리 집에 밤마다 돌아다니는 쥐들의 소리를 잠잠하게 하셨다. 믿음을 가지고 기도하였더니 하잘것없는 미물들도 조용히 물러갔다.

하나님께서는 소소한 가정사에도 관여하시고 도우셨다는 사실에 대하여 너무나 감사하였다. 그래서 성도들이 "예수 예수 믿는 것은 받은 증거 많도다"라고 찬송을 부르면서 고백하는가 보다.

남편이 물러가라고 했을 때는 꿈쩍도 하지 않다가, 내가 기도했을 때 그 쥐들이 조용해지고 나중에는 아무 소리도 내지 않은 것은 내 안에 예수님이 살아계셔서 도우셨기 때문이다. 지극히 평범한 일상 가운데서도 나를 도우시는 하나님께 찬양과 영광을 돌리지 않을 수 없다.

14
남편의 오줌세례

어느 추운 겨울날이었다. 교회에서 철야기도를 마치고 집에 돌아왔는데 남편이 대문 여는 소리를 듣고 나와서 오강에 있던 오줌을 나에게 들어부었다. 워낙 추운 날씨라 머리에 부어진 오줌이 바로 얼어붙었다. 남편은 아내가 교회 가는 것을 말려도 소용이 없고, 아예 철야까지 하고 오니 무척 괘씸하고 미웠던 모양이다.

나는 오줌을 덮어쓰고 방에 들어갈 수도, 그렇다고 꼭두새벽에 이웃집에 갈 수도 없었다. 그래서 부엌 옆의 연탄광으로 갔다. 조반 짓기는 이른 시간이고 해서 연탄광에 좀

이 박스를 깔고 앉았다. 춥고 다리도 아프고, 온몸은 오줌으로 뒤덮여 더럽고 냄새도 났다. 정말 울고 싶은 심정이었다. 남편의 핍박이 갈수록 저급하고 몰상식해져 갔다.

살을 에는 추위에 오줌세례까지 받아 몸이 꽁꽁 얼어붙었다. 그런데 갑자기 빛을 발하는 작은 불기둥이 내게로 가까이 다가와 멈추었다. 내가 입은 옷에서 하얀 김이 모락모락 오르며 옷이 바싹 말랐다. 방금까지 지린내를 풍기던 옷이었는데 마치 깨끗하게 세탁한 것처럼 마르더니 냄새도 나지 않았다.

그 깊은 밤중에도 주님은 주무시지도 않고 나의 등 뒤에서 나를 지켜주셨다. 그 모진 핍박과 시련 가운데서도 지켜주시고 보호해 주셨다. 남편이 날 아껴주지 못하고, 친구들이 날 버린다 해도 주님은 나를 사랑하시고 보살피신다는 것을 뼈저리게 깨달았다.

하루는 독채를 얻어 이사하면 어떻겠느냐고 남편에게 상의를 했다. 애들하고 남의 집 셋방살이를 하다 보니 집주인 눈치도 보이고 해서 살기가 불편했다. 남편은 그럴 돈이 있으면 장사를 해서 돈을 벌어야지 집을 얻어서 이사만 가면 뭐하냐고 하면서 버럭 화를 냈다. 기분이 상한 남편이 누워 있다가 갑자기 벌떡 일어나 앉는가 하더니 내 얼굴에 자기가 베고 있던 베개를 냅다 집어던졌다.

평소에도 걸핏하면 예수 믿는 내가 못마땅해서 성질을 부리고 집안의 살림살이를 다 때려 부수었는데 그날도 자기 뜻대로 안 한다고 불같이 화를 냈다. 나도 가족들을 생각하여 한 말인데 아내는 배려하지 않고 자기 생각만 하는 남편이 원망스러워 계속 남편과 함께 있을 수가 없었다.

기분이 상한 나는 집 밖으로 나가 한참을 서성이다가 다시 집에 들어갔다. 웬일인지 남편은 고개를 돌리고 아무 소리도 하지 않고 앉아 있었다. 나중에 식사를 하면서 남편의 얼굴을 자세히 쳐다보니 누군가에게 얻어맞은 것처럼 뺨에 세 개의 손가락 자국이 붉은 빛으로 선명하게 나 있었다. 집에만 있었던 남편인데 이상하다고 생각했다. 나중에 그 얼굴의 손자국이 왜 났느냐고 물었더니 자기도 모르겠다고 했다.

피부에 난 손가락 자국이 하루이틀 지나면 없어질 것이

라고 생각했는데, 좀처럼 사라지지 않았다. 오히려 거기서 염증이 생겨 진물이 나기 시작하였다. 남편은 뺨에 손자국이 나 있으니 사람들 보기에 창피하기도 해서 빨리 고쳐보려고 병원에 한 달 넘도록 다니며 치료를 받았으나 차도가 없었다.

어느 날 길에서 우리 부부가 우연히 대한수도원에 계시던 여자 장로님을 만났는데, 그분이 남편의 얼굴을 쳐다보더니 "병원 다니면서 치료해야 할 것이 아니라 회개해야 낫는 병이네요"라고 말씀하셨다. 그 말을 들은 남편은 아내의 얼굴에 베개를 던진 벌을 받고 있는 것이라고 생각하고는 어떻게 회개해야 하는지 나에게 물었다.

나는 하나님께 죄를 용서해 달라고 기도하고 속죄에 대한 찬송을 부르라고 말해주었다. 그리고는 평소에 내가 잘 부르던 속죄 찬송 하나를 가르쳐주었다. 남편은 피부병을 고치려고 내가 일러준 대로 그 찬송을 부르기 시작하였다.

🎵 마음에 가득한 의심을 깨치고 지극히 화평한 맘으로

　찬송을 부름은 어린 양 예수의 그 피로 속죄함 얻었네

　속죄함 속죄함 주 예수 내 죄를 속했네

　할렐루야 소리를 합하여 함께 찬송하세

　그 피로 속죄함 얻었네 (찬송가 257장)

남편은 일 년이 넘도록 "속죄함, 속죄함" 하면서 주문을 외듯이 웅얼거리며 노래를 불렀다. 그래도 그 멍든 손자국은 없어지지 않았다. 남편은 회개하라고 하니 입으로만 노래를 불렀지 진심으로 하나님께 회개하지는 않은 것 같았다. 하나님은 만홀히 여김을 받지 않으시는 분이며 우리 마음의 중심을 달아보시는 분이다.

찬송을 부른 뒤에는 얼굴의 손자국에서 진물은 나지 않았지만 그 손자국의 모양이 평생토록 까만 기미처럼 얼룩이 지고 말았다. 남편의 볼에 난 손자국 흉터는 살아있는 동안에 깨끗하게 낫지 않고 죽을 때까지 그냥 있었다.

남편이 예수 믿는 아내를 계속적으로 무시하고 핍박을 하니 하나님이 진노하시고 내리신 징계가 아닐까 생각하다. 사람은 자기가 행한 대로 심판을 받고, 심은 대로 거둔다는 말씀이 딱 맞다. 나쁜 것을 심으면 나쁜 열매를 맺고, 좋은 것을 심으면 좋은 열매를 맺는 법이다.

15
사업 실패와 별거

남편은 늘 돈을 벌러 다닌다고 하지만 월급 한번 제대로 갖다 준 적이 없다. 나는 아이 셋을 키우며 생활한다는 것이 여간 힘겨운 일이 아니었다. 그래서 어쩔 수 없이 사업을 시작하게 되었다. 당산동 이백채라는 동네에 살았는데 당시 25평짜리 집 한 채 가격이 80만 원 정도였다. 그런데 400만 원 상당의 택시를 사서 운수사업에 참여하였다.

그 당시 택시가 없어 지프차를 개조해서 택시로 사용하였다. 그렇게 구입한 택시로 택시회사에 지입으로 운전수를 채용해서 운영을 하니, 택시 한 대로는 수지가 맞지 않아서 한 대를 더 사서 운영하기로 했다. 택시 회사의 운영 자금이 모자라서 아는 사람을 통하여 600만 원을 빌려주었는데 삼 년 동안 이자도 갚지 못하여 내가 그 이자를 물었다.

또 영종도 북서면 장복리에서 굴 양식 사업을 했는데 말처럼 수입은 나지 않고 3년 동안 애만 쓰고 집 세 채 값만 날리고 말았다. 지속적으로 사업을 하면 수익이 난다고 하였지만, 나는 동업한 섬 사람들에게 다 넘겨주고 사업 포기서를 써 주고 나왔다. 가정이 있는 여자가 아이들을 돌보지 않고 사업에 매달릴 수는 없다고 생각했기 때문이다. 사실상 수년 동안의 사업은 수익도 없이 물거품이 되고 말았다.

사업에 실패하면서 남편의 구박이 더 심해졌다. "여자가 무슨 배짱으로 사업을 한답시고 싸돌아 다니면서 돈을 다 날렸느냐? 미친년처럼 삼각산에 들락거릴 때부터 알아보았다. 이젠 더 이상 너랑 같이 못 살겠다"고 노골적으로 욕을 퍼붓고 구박을 해댔다. 남편의 무지막지한 폭력에 어쩔 수 없이 아이들을 두고 집을 나오게 되었다.

남편에게 억울하게 쫓겨나오면서 나는 속이 상해 한 마디 내뱉었다. "네 심보를 곱게 고쳐서 살아라. 그렇게 세상을 살면 너는 3년 안에 거지가 될 것이다. 그리고 나는 너와 헤어져도 3년 안에 부자가 될 것이고 살도 찔 것이다"라고 말했다. 그 당시 내 몸무게는 고작 42kg에 지나지 않는 가냘픈 몸이었다.

  별거를 결정하고 집을 나올 때 남편에게 아무 돈도 요구하지 않았고 입을 옷 한 벌도 제대로 챙겨 나오지 않았다. 그저 아버지가 돌아가셨을 때 입었던 검정 상복 치마저고리와 성경 찬송가, 그리고 지갑에는 단돈 100원이 전부였다. 집에서 아무 것도 챙겨 나오지 않은 것은 나중에라도 남편이 내게 와서 돈을 달라고 할 것 같았기 때문이다. 나는 남편과 영원히 인연을 끊고 싶었다.

  그렇게 갑자기 집을 나오니 앞이 막막하였다. 괘씸한 남편의 손에서 풀려나왔기에 마음은 홀가분하고 자유롭기도 하였지만, 남겨둔 아이 셋을 생각하면 마음이 아팠다.

  평소에 늘 기도하던 삼각산으로 발길을 옮겼다.

영혼과 육신을 살리는 기도원

16

삼각산 기도원에서의 칩거생활

그 당시 삼각산 기도원 원장이었던 장 목사님도 천막을 치고 생활하였기 때문에 기도원에 찾아가도 딱히 기거할 방이 없었다. 또 원장님께 신세질 수도 없는 형편이었다. 그래서 나는 삼각산 중턱 동굴 같은 곳에 가마니 두 개를 주워서 움막을 만들어 잠을 잘 수 있는 거처를 마련하였다. 그 동굴 옆에 큰 바위가 있었는데 그 밑으로 샘물이 흘러나왔다. 잠잘 곳이 있고 마실 식수가 있으니 그나마 다행이라고 생각했다.

그렇게 아무것도 없이 빈털터리로 집을 나왔으니 그때부

터 광야의 고된 삶이 시작되었다. 거처를 마련하고 난 후에는 산 주변에서 우유병이나 사이다병 그리고 박스 같은 재활용품을 주워 모아 팔았다. 그 돈으로 국수를 사다가 끓여 먹으면서 하루하루 생명을 연명하였다.

처량하게 국수를 먹으면서도 집에 두고 온 아이들은 무엇을 먹고 어떻게 지내는지 걱정이었다. 아이들만 생각하면 미칠 것같이 견디기 힘들었다. 그러나 그렇게 집도 없이 삼각산 중턱 동굴에서 하루하루를 살면서 하늘을 지붕 삼고 산을 울타리 삼아서 지내는 신세였지만, 대궐 같은 기와집에서 사는 것보다도 마음이 더 평안하였다.

겨울에는 해가 짧고 몹시 추워서 빨리 잠자리에 드는 수밖에 없었다. 가마니를 둘러쓰고 앉아 기도를 하고 있으면 어디선가 모르는 따스한 기운이 스며들어와 내 얼굴과 온몸에 전달되었다. 그렇게 한참을 기도하다 보면 어느새 아침이 밝아오곤 하였다.

그런 와중에도 가끔 기도하러 산에 올라오는 사람들을 챙겼다. 내가 먹으려고 국수를 삶아 놓았는데 식사를 못하고 산에 올라온 사람이 있으면 그 사람에게 내 음식을 내어주기도 했다.

한 3개월을 그렇게 살았는데 하나님께서는 하루에 한 사람씩 나에게 보내주셨다. 어떤 때는 자기들이 먹다 남은 찹쌀이라고 주고 가기도 하고, 어떤 때는 먹다 남은 김치를 주고 가기도 했다. 나는 엘리야 선지자가 그릿 시냇가에서 까마귀가 물어다 주는 떡과 고기를 먹은 것처럼 하나님이 사람들을 보내어 일용할 양식을 얻어 먹게 하셨다.

삼각산에서 하산할 무렵이었던 것으로 기억되는데, 그때 나는 심신이 지칠 대로 지쳐 있었다. 정신적 스트레스가 심하여 우울증이 왔다. 예수님을 믿으면 잘 되고 복을 받는다고 하더니만, 이건 너무 비참한 삶이 아닌가 하는 부정적인 생각이 마음을 파고들었다. 삼각산에 와서 수개월을 배를 주려가며 기도드렸건만 무엇 하나 뾰족하게 해결되는 것이 없었다. 그리고 두고 온 아이들도 너무 보고 싶었다.

이렇게 비참하게 살아가는 나의 모습이 참으로 괴롭고 처량하였다. '남들은 시집가서 잘도 살던데 나는 무슨 죄가 그리도 많아서 이렇게 험한 인생을 사는가? 내 인생은 큰 산을 하나 넘으면 더 큰 산이 기다리고 있고, 강을 건너면 또 더 깊은 강이 펼쳐져 있구나. 가도가도 끝없는 고통이니 이리 살아 무엇하겠는가' 싶은 생각이 스물스물 기어들어왔다.

잔돈 몇 푼을 가지고 가서 소주 한 병과 오징어 한 마리를 사왔다. 신세 한탄하는 데는 그래도 소주만한 것이 없을 성싶었다. 종이컵에 소주 두 잔을 따르고는 "이것은 하나님 한 잔 하시고요. 이것은 제가 먹겠습니다" 하면서 술을 한 번도 먹어보지 않은 사람이 소주 한 병을 난생 처음으로 다 마셨다. 그리고는 술에 취해서 하나님께 주정을 부렸다. 내 신세타령을 작사 작곡을 해서 부르기 시작했다.

하나님은 독생자를 보내어 십자가에 달려
우리를 구원시켰다고 하지만 나는 누구를 어떻게
구원할 수 있는 능력도 안 되고 그런 재목도 안 되지만,

하나님이 날 보고 집에서 나오라고 해서 나왔더니
호강이라도 할 줄 알았건만, 겨우 이 굴 속에 데려다 놓고
이런 생활을 하게 하는 것인가요.
자식도 버리고 남편도 버리고 예수님을 따라 왔건만
이렇게 제대로 먹지도 못하고,
육신의 신랑 버리고 영의 신랑 찾아왔건만
겨우 이 꼴을 만들려고 나를 꼬셨소.
내가 먼저 살자고 옆구리 꾹꾹 찔렀던가,
예수 신랑 나를 잡고 늘어졌지.
예수님은 능치 못함이 없는 분이라더니
겨우 이런 굴 속에서 살게 하려고 나를 꼬셨소….

남편에게 버림받은 나의 원한의 주절거림은 끝이 없었다. 누가 말리는 사람도 없었고 시끄럽다고 야단치는 사람도 없었다. 음침하고 어두운 굴 속에서 끝도 없이 푸념을 늘어놓았다. 사실 혼자 있으면 찬바람이 휑하게 돌고 무섭기까지 하였다. 경건하게 기도하면서 사정하던 목소리가 이젠 패악을 부리는 깡패처럼 하나님께 대들었다.

하나님은 정말 기가 막히셨을 것이다. 겸손하게 엎드려 기도하던 여자가 돌연 미쳐서 술취해 항의를 하니 하나님도 상대하기 힘드셨을 것이다. 말도 안 되는 소리를 지껄이며 따져 묻고 대항하였지만 하나님은 한 말씀도 하지 않고 듣기만 하셨다.

하루는 내가 아는 사람이 찾아왔는데 대접할 것이 아무 것도 없었다. 양재기를 들고 나가서 산을 여기저기 둘러보았다. 어느 교회 여전도회원들이 소풍을 나와서 밥을 먹고 있었다. 체면 불사하고 친구를 만났는데 먹을 것이 없어서 음식을 좀 얻으려고 왔다고 솔직하게 말했더니, 그들이 먹다 남은 음식들을 전부 챙겨주었다. 그 음식을 가지고 와서 그 친구와 둘이 맛있게 먹으면서 이런 말을 했다.

"야, 나는 이 산에서 밥을 안 해도 이렇게 먹고 살 수 있단다."

그 친구도 기가 막히는지 "너는 산꼭대기에 살아도 굶어 죽지 않고 사니 용하다"라고 하여 우리는 같이 웃었다. 그래도 남편에게 욕 안 먹고 사니 마음은 편했다. 오직 하나님만 바라보고 기도하였기에 하나님이 내 인생을 불쌍히 보시고 은혜를 베풀어 주셨다.

어느 날 기도하는데 하나님께서 내게 귀인을 한 사람 보내준다고 하셨다. 그리고 나서 며칠 뒤에 어느 여자가 찾아왔다. 나의 딱한 사정을 듣고는 자기네 집 문간방이 비어 있으니 당분간 거기서 생활하라고 했다. 얼마나 고맙고 감사한 일인가? 나는 하나님의 은혜로 거처를 마련하고 삼각산을 내려왔다.

이렇게 삼각산 굴 속에서 1년 4개월 동안 칩거해 있다가 정상적인 생활로 돌아가게 되었다. 아무 대책 없이 기도하면서 하나님만 바라보고 살았다. 결코 짧지 않은 시간이었지만 어떻게 지냈는지 모르겠다. 전적으로 하나님의 은혜였다. 하나님의 도우심이 없었더라면 괴로워서 살 수 없었을 것이다.

이스라엘 백성들이 광야에서 농사도 짓지 않고, 신발도 사 신지 않았지만 신발이 해어지지 않고 옷이 닳지 않았다. 낮에는 구름 기둥으로 뜨거운 해를 가려주시고, 밤에는 불 기둥으로 따뜻하게 보살펴 주셨다. 그와 같이 삼각산 동굴에 있는 동안 먹을 것을 주시고 필요한 것들을 성도들을 통하여 얻게 하셨다.

엘리야 선지자에게 까마귀를 보내어 떡과 고기를 공급하신 하나님께서 나에게도 좋은 사람들을 보내주셔서 1년 4개월을 산에서 살게 하셨다.

17
딸의 죽음과 회개

딸을 데리고 와서 같이 살지는 못했지만, 그 아이는 다섯 살 때부터 노래를 참 잘 따라 불렀다. 동네 사람들이 '미자'가 노래도 잘하고 예쁘다고 다들 귀여워했다. 나는 왠지 아들들보다 딸에게 정이 더 갔다.

그때 딸은 군산에 있었는데 딸이 많이 다쳐서 부산 병원에 있다는 소식을 듣고 병원으로 황급히 찾아갔다. 뇌를 많이 다쳤는데 누구한테 맞았을 수도 있고 넘어졌을 수도 있다고 했다. 딸이 혼수상태였기 때문에 물어볼 수가 없어서 정확한 원인은 알 수가 없었다.

혼수상태인 딸을 서울대학병원으로 데리고 가서 수술을 해야만 했다. 택시에 딸을 태우고 나는 그 옆에 앉아 링거병을 들고 8시간을 택시를 타고 달려와 서울대학병원에 도착했다. 머리에 뇌수가 가득 차 있었다. 아이를 급히 수술실로 들여보내고 "하나님, 제발 딸을 살려주세요" 애원하며 모든 것을 주님께 의탁하고 숨죽이며 기다리고 있었다.

수술을 마치고 중환자실에서 보호자를 찾았다. 바깥 복도에 앉아 있다가 얼른 수술실 안으로 들어갔더니 딸은 깨어나지 못하고 곧 죽고 말았다. 딸과 말 한마디도 못 해보고 다시는 돌아올 수 없는 곳으로 떠나보낸 것이다.

온몸에 맥이 빠지고 혼이 나가는 듯해서 도무지 서 있을 수가 없었다. 아들이 나를 부축해서 겨우 중환자실 밖으로 나왔는데, 내 앞에 예수님의 환영이 보였다. 주님은 단검을 들고 서 계시다가 그 칼로 내 가슴을 두 번 내리치셨다. 나는 그 동안 옷을 찢지 말고 마음을 찢으라는 말이 잘 이해되지 않았는데, 내 가슴이 정말로 칼에 찔려 갈기갈기 찢어지는 것 같은 아픔을 느꼈다.

그리고 통회자복의 회개가 터져나왔다. 이때까지 내가 주님의 뜻대로 제대로 살지 못하고 세상에서 방황하면서 살던 나의 모습이 떠오르면서 대성통곡이 나왔다. 부모님이 돌아가셨을 때도 그날처럼 통곡하며 울지는 않았다. 한참을 회개하고 나니 딸의 죽음이 나의 죄 때문인 것으로 여겨졌다.

그렇게 딸을 허무하게 떠나 보낸 뒤로 나는 누구를 만나는 것도 싫고 아무것도 손에 잡히지 않았다. 천벌이 무엇인지 몰랐는데 이것이 천벌이구나 하는 생각이 들었다. 마음이 너무 고통스러워 순간순간 숨쉬는 것조차 힘이 들었다. 염을 하는 날 영안실에서 마지막으로 딸의 얼굴을 보았다. 살아 생전보다도 더 환한 미소를 짓고 있는 것 같았다. 그 천사 같은 얼굴을 보면서 미자는 천국 갔을 것이라고 생각했다.

어미가 되어 딸을 제대로 양육하고 보살피지 못했으니 하나님은 내 죄로 인하여 딸을 먼저 데려가셨을 것이다. 죄도 고통도 없는 천국에서 평안히 살도록 하신 하나님께 감사를 드렸다. 그러나 왠지 며칠 동안 눈물이 계속 나왔다.

 미자의 죽음으로 신앙적 회의가 왔다. 나 자신이 하나님 앞에 바로 살지 못한 것 때문에 회개한 것은 사실이나, 그래도 하나님이 왜 내가 가장 아끼고 사랑하는 딸을 데리고 갔는지 이해할 수 없었다. 그 동안 하나님의 은혜로 천국의 환상도 경험했지만, 그것은 그저 내 잠재의식 가운데 있는 허상이었을지도 모른다는 생각이 들었다.
 '하나님이 살아 계신다면 어찌 내가 그렇게 따르고 좋아하던 언니도 데려가시고, 그것도 모자라 내 사랑하는 딸 미자마저 데려가셨을까? 과연 하나님이 살아 계시기나 한 것인가?' 하고 신앙적 회의가 들고 하나님에 대한 원망이 터져나왔다.
 "육신의 남편에게 버림 받고 영의 남편과 동행하였는데, 사랑하는 언니도 데려가고 딸도 데려가고 그 동안 벌어 두었던 물질도 다 가져가고 도대체 하나님이 나에게 주신 것이 무엇인가" 하고 대항하였다. 정신적 충격과 우울증이 겹쳐서 내 감정을 주체할 수 없었다.

나는 죽고 싶은 마음이 들어, 약국에 다니면서 수면제 80알을 사 모았다. 그러나 막상 자살하려고 하니 자살은 내 목숨을 죽이는 살인죄인데, 하나님의 계명을 범하면 지옥에 떨어질 것이 두려웠다. 지금보다 지옥이 더 고통스러울 것이라는 생각이 들어 차마 음독자살을 할 수 없었다.

마음이 괴롭고 삶의 소망이 없어 한동안 신앙적으로 방황하던 차에 어느 날 하나님의 위로가 임했다.
"내가 너와 함께 하리라. 그리고 내가 너를 축복하리라."
하나님의 음성을 듣고 마음이 편안해졌다. 마치 광풍이 잠잠해진 것처럼 한동안 괴롭던 마음에 평안이 임했다. 주님의 위로의 말씀 한 마디에 나의 마음은 평정을 되찾게 된 것이다. 하나님은 끝까지 나를 버리지 아니하시고 동행해 주심을 확신했다.

그런데 하나님께서는 신앙적으로 방황하고 타락한 나를 그냥 두시지 않았다. 그후로 하나님께서는 나에게 회개를 하게 하시는데, 거의 열흘 동안 눈물과 콧물이 범벅이 되도록 울면서 회개하게 하셨다.

환난과 시련 가운데서도 이렇게 오늘날까지 죽지 않고 살아온 것은 순전히 하나님의 은혜이다. 이렇게 나는 세상의 모든 자들에게 빚진 자의 심령으로 산다. 오늘도 나 먹으라고 어떤 이가 호박죽을 해오고, 조끼도 떠서 입으라고 가져다 주었다.

살아온 길을 돌아보면 하나님의 은혜였고 많은 사람들의 위로와 도움이 있었다. 그리스도의 사랑의 빚을 많이 졌다. 성경은 "사랑의 빚 외에는 다른 아무 빚을 지지 말라"고 하였는데, 가난한 자들이 나에게 사랑을 베풀어 줄 때에 그 많은 사랑을 어떻게 갚을까 걱정이 된다.

18_ 양말 장사를 도와준 무당

삼각산에서 만난 여자의 집은 삼양동에 있었고, 주로 일하는 곳은 마포였다. 그분의 친정이 마포였는데, 주로 친정에 가서 일을 하였다. 하루는 그 여집사가 나에게 그냥 집에만 있으면 안 되겠다고 하면서, 장사를 한 번 해보라며 10만 원을 빌려 주었다. 거처도 마련해 주고 장사 밑천까지 선뜻 대 주었으니 얼마나 대단한 여자인가?

무슨 장사를 해야 하나 하고 고민하고 있는데, 그 여집사가 가을이니 양말 장사를 해보는 것이 좋겠다고 하였다. 날씨가 쌀쌀해지면 사람들이 양말을 챙겨 신게 마련이다.

나는 양말 장사를 하기 위해서 평화시장에 가서 양말 3만 5원어치를 샀다. 그리고 밥을 해 먹어야 하니 냄비가 필요하여 냄비도 하나 장만하였다.

그 다음 날부터 양말 장사를 하기 위해서 양말 보따리를 머리에 이고 이 동네 저 동네를 돌아다니기 시작했다. 그런데 한나절이나 돌아다녀도 양말을 사겠다는 사람은 없었다. 한 켤레도 팔지 못하고 계속하여 이집 저집 돌아다니기만 하는데 양말 살 사람은 없고 사나운 개들만 야속하게 짖어댔다.

아침 10시쯤에 나와서 하루종일 돌아다니다 보니 뉘엿뉘엿 해가 지고 있었다. 장사는 허탕치고 온 종일 걸어다니기만 하였으니 팔다리가 무겁고 어깨가 저려왔다. 저녁때가 되어 마지막으로 어느 집 대문을 열고 들어갔다. 댓돌 위에 벗어 놓은 신발이 넉넉히 70여 켤레는 되어 보였다. 도대체 누가 사는 집이기에 이렇게 사람이 많은가 하고 집 안의 낌새를 살폈다.

열린 틈새로 들여다보니 무당이 점을 치고 있었다. 많은 사람들이 있는 가운데에 상을 펴놓고 앉은 무당은 한 손은 방울을 들고 흔들고, 다른 한 손에는 엽전을 쥐고 있었다. 엽전을 상에 쫙 폈다. '좌르르' 소리를 내며 엽전이 깔렸다. 그리고는 그 무당이 눈을 지그시 감더니 여기 누가 들어왔느냐고 묻는 것이었다. 그 무당은 눈을 두리번거리다가 나에게 시선을 멈추었다.

"당신은 왜 여기 왔느냐?"

나는 엉겁결에 "저 말입니까?"라고 되물었다. 거기 모인 사람들이 일제히 나를 바라보았다. 괜히 분위기를 깨뜨린 것 같아 미안하기도 하고, 갑자기 내가 누군지 물으니 당황스럽기도 했다.

"나는 양말을 팔기 위해 들어왔어요."

사람들은 "별일도 아니네" 하며 귀찮다는 듯이 짜증을 냈다. 그런데 대뜸 그 무당이 "양말이 전부 얼마냐"고 다시 물었다. 나는 혹시 양말을 살 의향이 있는지 모른다는 희망에 보따리를 가리키며 7만 원이라고 말했다.

무당은 내가 그곳에서 양말을 펼쳐 놓고 팔게 되면 자기가 일을 못할 것 같아서인지 집 주인을 부르더니 내 양말을 전부 다 사라고 했다. 주인 여자는 무슨 말인지 이해하지 못하고 "예, 양말을 다 사라고요?" 하고 무당을 바라보았다. "그래, 그 양말을 다 사야 점괘가 나오지. 저 사람을 보내지 않고는 신이 노하셔"라고 엄하게 말했다.

주인은 양말을 사고 싶지 않았지만 어쩔 수 없이 무당이 시키는 대로 그 많은 양말을 몽땅 다 샀다. 양말을 못 팔아 낙심하고 있던 나에게는 웬 횡재냐 싶어 얼른 물건을 펼쳐 보여주고 돈을 받았다. 흥정도 없이 한 순간에 양말 보따리 전부를 넘겨주고 곱으로 남기는 장사를 한 것이다.

그 집 대문에서 몇 발자국을 나왔는데 갑자기 내 몸으로 불이 확 들어오는 것이 느껴졌다. 그러더니 내 가슴 속 깊은 곳에서 주님의 음성이 들려왔다.

"네가 하루종일 돌아다녔어도 양말 한 켤레 팔지 못한 것을 다 보고 있었다."

나는 그 음성을 듣고 자리에 털썩 주저앉아서 엉엉 울기 시작했다. 그러면서 이렇게 말했다.

"그래요. 하나님께서 이 미천한 것이 양말 한 켤레 못 팔고 온 종일 돌아다니는 걸 다 보셨군요. 마귀의 종을 통해서라도 내 물건을 다 팔게 해주셨군요."

나는 혼자서 고생하고 다닌 줄 알았는데 주님께서 온 종일 나와 함께 동행하셨다는 것을 생각할 때 너무 감사하고 감격하여 통곡하지 않을 수 없었다.

나는 장사하는 것이 그렇게 힘들다는 것을 그때서야 알았다. 장사도 하나님이 돕지 아니하시면 안 된다는 것을 뼈저리게 느꼈다. 그 뒤로도 한동안 양말 장사를 하였는데 참 힘들고 어려웠다. 사람들이 잘 진열된 상점의 물건들을 선호하지, 장사꾼들이 보따리로 가져오는 것은 신통치 않게 생각했다.

19

주님이 운영하시는 비닐 공장

양말 장사가 잘 되지 않아서 무엇을 해야 하나 하고 궁리를 하고 있던 차에 어떤 여자가 나를 찾아왔다. 그 여자는 마장동에서 조그만 공장을 세 얻어서 사업을 하고 있는데 자기는 더 이상 그 공장 운영을 하지 못하겠다고 하면서 나에게 한번 해보라는 것이었다. 돈도 없는데 내가 그것을 어떻게 하냐고 했더니 그 여자는 그러면 외상으로 주겠으니 해보라고 하였다.

손해 날 것은 없겠다 싶어 못 이기는 척 공장 운영을 한번 해 보기로 했다. 손해만 안 나면 밥은 먹고 살 수 있을 것이라 생각했다.

그 공장은 비닐을 만드는 곳이었다. 나는 비닐 만드는 기술도 없고 그렇다고 그 사업에 관련된 기술자도 아는 사람이 없었다. 정말 무일푼인 데다가 기술도 알지 못하고 그 공장 운영을 맡았다.

어떤 사람이 천호동에 사는 아무개를 찾아가 보라고 하였다. 그 사람이 화공과를 나왔기 때문에 비닐에 대해서는 박사라고 하였다. 그래서 그 다음날 천호동으로 그를 찾아가서 우리 공장의 형편을 다 이야기하고 와서 일해달라고 부탁하였다. 그 사람은 내 말을 다 듣고는 이내 거절을 했다. 나는 그냥 집으로 돌아올 수밖에 없었.

그런데 다음날 천호동의 그 기술자한테서 전화가 걸려왔는데 나를 다시 한 번 더 만나보고 싶다고 했다. 그래서 오늘 저녁에라도 찾아오시라고 하였더니, 그 밤에 와서 말하기를 우리 공장에서 일을 해 보겠다고 하였다. "어제는 거절하더니 왜 갑자기 생각을 바꾸었느냐"고 묻자 그 기술자가 놀라운 이야기를 했다.

자기는 원래 꿈을 잘 꾸지 않는 사람인데 어젯밤 꿈에 하얀 옷을 입은 청년 같은 남자가 나타났는데 그 모습이 너무나 위엄이 있어서 자기도 모르게 그분 앞에 무릎을 꿇었다고 한다. 그러자 그분이 "네가 거기 가서 일을 하면 네 앞길이 열리지만 거기 가서 일하지 않으면 네 앞길이 막힌다"는 말을 하였다는 것이다. 꿈에서 깨고 나니 잠도 오지 않고 너무나 고민이 되어 그냥 이 공장에서 일하기로 결심했다고 하였다.

이렇게 비닐 공장의 운영이 시작되었지만, 비닐을 가져간 상인들이 돈을 제때 주지 않아 자금 회전이 되지 않았다. 운영이 힘들어지고 공장의 월세가 석 달이나 밀리게 되었다. 그때는 밤 12시 통행금지가 있던 시절이라서 공장 일을 끝내고 부지런히 집에 왔더니 공장을 임대해 준 사람이 월세를 받으려고 우리 집에 와 있었다. 월세를 계속 미루니 어찌 된 사정인지 알아볼 겸, 월세 독촉을 위하여 직접 온 것이었다.

나는 공장주에게 죄송하다고 인사하고, 그간 사정을 솔

직하게 말하고 운영에 차질이 있어 월세가 밀렸다고 하였다. 그리고 통행금지 시간이라 그가 돌아갈 수 없게 되어 우리 집에서 자고 가라고 권했다. 아침에 일어나 보니 그 사람은 새벽같이 가고 없었다.

나는 약속을 지키기 위하여 며칠이 지난 뒤에 월세 돈을 마련해서 그 사람을 찾아갔다. 그런데 그가 내 돈을 받지 않겠다는 것이었다. 영문을 몰라 왜 그러냐고 물었더니 이렇게 말했다. 며칠 전 통행금지에 걸려 우리 집에서 잠을 잘 때의 이야기다.

잠을 자다가 밤 2시쯤 되어서 소변이 마려워 일어났는데 곤히 잠자고 있는 내 머리맡에서 두 명의 아기 천사가 보였다는 것이다. 이게 무슨 일인가 싶어서 새벽에 일찍 일어나 자기 친정에 가서 교회 권사인 모친에게 말했더니 "그러면 네가 그 여자를 괴롭히면 안 된다. 그 사람은 하나님의 특별한 돌보심이 있는 사람이니 돈을 받지 말라"고 하면서 어머니가 대신 월세를 주었다는 것이다. 그래서 나에게는 월세를 받을 수 없다고 하였다.

우리 비닐 공장은 전적으로 주님이 운영하시는 공장이

되었다. 공장의 월세 문제도, 기술자 문제도 주님께서 다 해결해 주셨다.

> "너희 염려를 다 주께 맡기라 이는 그가 너희를 돌보심이라"(벧전 5:7).

> "여호와를 기뻐하라
> 그가 네 마음의 소원을 네게 이루어 주시리로다
> 네 길을 여호와께 맡기라
> 그를 의지하면 그가 이루시고
> 네 의를 빛 같이 나타내시며
> 네 공의를 정오의 빛 같이 하시리로다"(시 37:4-6).

남편에게 버림 받고 오갈 데 없었던 나를 하나님은 공장 경영주가 되게 하시더니 물질의 복을 넘치게 부어주기 시작하셨다. 마장동에 나와서 비닐 공장을 하는데 그때 석유 파동이 나서 플라스틱 원료를 사서 팔면 70-80%의 수익을 낼 수 있었다. 그렇게 한 2년 동안 그 사업을 했는데, 꽤 돈을 많이 벌어 공장 건물을 사게 되었다.

그런데 시간이 지나면 지날수록 자꾸 내 마음 속에서

사업에 대해 회의가 생겼다. 신앙인이 정직하게 사업을 해야 하는데, 사업을 하다 보니 때로 속에 없는 말도 하게 되고 거짓말도 하게 되었다. 무엇보다 영적 생활에 집중할 수가 없었다. 그러지 않아도 거래처의 수금이 잘 되지 않아 그만두어야겠다는 생각이 들었다. 이참에 공장을 처분하고 신앙생활에 더욱 매진하기로 했다.

공장을 처분하려고 아침에 부동산에 내놓았는데 저녁에 바로 팔리게 되었다. 그리고 그날 저녁에 잠을 자는데 새벽 2시쯤 누가 자꾸 나를 깨워서 일으키는 것 같았다. 일어나서 방언기도를 두어 시간쯤 하고 나니 하나님의 음성이 가슴 깊이 들려왔다.

"정재야, 법궤가 네 앞으로 가니 잘 모셔라" 하는 음성이 들렸다. 무슨 영문인지 모르고 깜짝 놀라서 이렇게 말했다.

"나는 목사도 아니고 전도사도 아닌데 법궤를 내가 어찌 모십니까?"

그러자 또 다시 영음이 들려왔다.

"개척교회가 너에게로 가니, 잘 섬겨라. 내가 너를 축복

하리라!"

나는 하나님께서 나를 통하여 무엇인가 큰일을 진행하고 계신다는 것을 깨달았다. 무슨 일인지는 모르지만 하나님이 하시는 거룩한 일이라면 순종하는 것이 옳다고 생각했다.

아침에 천호동에 사는 강 집사로부터 전화가 걸려왔다. 그리고는 대뜸 "어젯밤에 무슨 일 없었느냐"고 물었다. 나는 의아해 하며 "아무 일도 없었는데요?"라고 말했더니, 그는 그럴 리가 없다면서 시치미를 떼지 말라고 했다. '내가 응답을 받았는데 우 집사 앞으로 법궤가 가는 꿈을 꾸었다'는 것이었다.

후에 기도원 사역을 하게 되면서 하나님의 법궤의 의미를 깨달았다. 하나님의 말씀을 전하고 하나님의 뜻을 아는 일에 나를 사용하신 것이다. 나도 목회자들처럼 하나님을 사랑하고 헌신하고 싶었는데, 하나님은 기도원 사역이라는 구체적인 일을 나에게 맡기셨다. 이 거룩한 사역에 하나님은 하필 나같이 부족한 사람을 선택하셨다.

20
78일간의 영등포 구치소 생활

억울하게 영등포 구치소에서 옥살이를 했다. 박정희 대통령 정권 때의 이야기다. 정부에서는 중소기업을 살리기 위해서 8.3조치라는 제도를 만들었다. 8.3조치는 회사나 사업을 하는 사람이 개인 돈을 빌려 썼을 때에 정부에서 이자 갚는 기간을 연장해 주어서 자금이 어려운 기업을 도와주는 제도이다. 채권자가 강압적으로 빚 독촉을 하고 돈을 받아 가면 형사입건이 되었다.

그런데 친하게 지내던 대성병원 원장 부인인 박 집사가 '대한산소'에 돈을 많이 빌려 주었는데 8.3조치로 그 돈의 액수가 50만 원이 넘으면 장기로 연장을 해주게 되어 있어 이자도 당분간 받지 못하게 되었다. 그래서 박 집사는 대한산소에 빌려준 돈의 금액이 많으니 그 금액을 차명으로 분산했다. 법의 저촉을 받지 않고 빚을 받을 생각이었다. '대한산소에서 갚아야 할 금액을 대성병원에서 근무하는 간호사의 이름과 내 이름으로 분산해 놓았다. 사실 편법인 줄 알고는 있었지만 박 집사를 돕기 위해서 이름을 빌려준 것이다.

대한산소 경리 아가씨가 우리 집에 자주 다녀서 잘 아는 사이였고, 그리고 경찰들도 가끔 우리 집에 드나들었다. 대한산소 측에서는 자기 회사의 세금 비리나 여러 가지 재정 문제가 드러날까 염려하였는지 차명으로 된 돈을 갚겠다고 연락이 왔다.

내 돈이 아니기 때문에 채권자인 박 집사와 함께 대한산소에 가서 수표를 받아 나온 후에 즉시 박 집사에게 건네주었다.

그 뒤에 무슨 일이지 대한사소에서 나와 박 집사를 8.3

조치 위반으로 고소를 하였다. 형사입건이 되어 영등포 구치소에 갇히는 신세가 되었다. 남의 빚을 받아주려고 하다가 한 순간에 죄수가 된 것이었다.

구치소에 들어가니 나는 아직 판결이 나지 않은 미결수이기 때문에 죄수복은 입히지 않고 저고리에 미결수 번호 4008번을 달아주었다. 정말 기분이 묘하게 나빴다. 지인을 도우려고 한 것뿐인데 법을 어긴 죄수가 된 것이다. 그리고 한편 크리스천이 정직하게 행하지 못하여 이런 신세가 되었다고 생각하니 하나님께 죄송하였다.

이런 경우에 대부분의 사람들이 공범으로 고소를 당하면 원망하다가 서로 원수가 되기도 하는데, 나는 억울하지만 이왕에 법을 어겨 처벌을 받아도 나 혼자만 당하리라고 생각하였다. 박 집사는 시부모를 모시고 사는데 교도소에 가게 되면 시댁에서 쫓겨나올지도 모르는 일이었다. 그래서 내가 다 감당하려 했고, 고생을 해도 나 혼자만 하면 되지 둘이서 고생할 필요가 없다고 생각했다.

운동하는 시간에 박 집사를 만나 둘이 고생할 필요가 없으니 빚 독촉은 내가 한 것이라고 서로 입을 맞추어 놓기까지 했다. 사실 박 집사가 책임을 져야 할 문제였지만 그도 당황하여 어찌할 바를 모르고 있었다. 나의 인생 철학은 "살면서 나와 관계된 사람들과 신의를 저버리지 말자"였다. 박 집사와의 우정과 신의에도 변함이 없어야 한다고 생각했다. 결국 나 혼자 구치소에 갇히게 되었다.

구치소 방에 들어가니 한 방에 30명씩 있는데, 바닥에는 가마니가 깔려 있고 이불은 나일론으로 된 허접하고 더러운 것이었다. 그리고 잠잘 때는 공간이 비좁아져 반듯하게 눕지도 못하고 옆으로 누워 칼잠을 자야 했다. 왕초 노릇 하는 자가 내가 신참이라고 화장실 옆에서 자라고 하였다. 첫 날부터 고역이 시작되었다.

그런데 나에게 사람들이 매일 면회를 오는 바람에 구치소 안에서는 내가 영치금이 많이 들어오는 사람이 되었다. 그러다 보니 우리 방에 있는 사람들에게 매일 먹을 것을 사 줄 수 있었고, 음식을 나눠주면서 호실 사람들에게 복음을 전하기 시작했다. 내가 천국을 보고 온 얘기며, 천장에 뛰어다니던 쥐 얘기며, 그동안 하나님이 나와 함께 하셨던 이야기들을 해 주면 무척 신기해하며 좋아했다.

사실 구치소에 갇힌 이들에게 재미있을 일이 무엇이겠는가? 이렇게 사람 사는 이야기를 듣는 것이 재미였다. 처음에는 먼저 들어온 자들의 눈초리가 곱지 않았지만, 차츰 그들의 마음이 녹아져 내가 하는 이야기에 귀를 기울였다. 교회에서나 들을 수 있는 이야기를 구치소에서 들으니 신선한 충격으로 느껴졌던 모양이다.

그렇게 매일 신바람 나게 천국 복음을 전하다 보니 다른 방에도 소문이 퍼져서 재미있는 이야기를 해 달라고 부탁했다. 그래서 허락을 받고 방을 옮겨서 그들에게도 하나님이 나와 동행하신 천국 복음을 신나게 전했다. 나는 어느새 법을 어기고 들어온 죄수라는 사실을 잊어버린 것 같았다. 마치 하나님께서 계획적으로 나를 거기에 복음전도자로 보내신 것 같았다.

간증을 한 후에는 하나님께 예배도 드리고 그들을 위하여 기도도 하였다. 특별히 바쁜 일도 없었기 때문에 그들은 순순히 내가 하자는 대로 다 따라 주었다. 사람들은 내 옆에서 자고 싶어했다. 나는 잠자기 전에 옆에 있는 사람의 손을 꼭 잡고 그를 위하여 기도해 주었다. 신기하게도 내 옆에서 잠을 자면서 기도를 받은 자들은 그 이튿날 재판을 받으면 다 벌금형이나 집행유예로 풀려났다.

구치소에는 식수가 귀했다. 물 한 주전자로 서른 명이 식수와 설거지 물로 사용하였다. 특별하게 데워서 나오는 물인데, 어떤 사람이 말하기를 그 속에 신경안정제를 탄다고 하였다. 그리고 밥그릇과 국그릇, 숟가락은 플라스틱이나 대나무로 된 것을 주었고 젓가락은 뾰족해서 사고를 칠까봐 아예 주지도 않았다. 밥상은 따로 없고 대신에 비닐 한 장을 깔고 그 위에 그릇들을 놓았다.

어느 날 여자 소장이 나를 직무실로 불렀다. 방에서 제일 큰 애로사항이 무엇이냐고 물었다. 사실 애로사항이 한두 가지가 아니었지만 무엇보다도 물이 제일 필요하다고 했다. 그랬더니 간수가 "아침에 세수하러 나올 때 물을 한 통 떠 가라"고 하였다. 그리고 나에게 종교가 무엇인지 물었고, 나는 기독교인이라고 하였다. 그랬더니 소장이 이런 말을 했다.

"당신이 있는 방 쪽에 무지개가 걸려 있는 것을 본 적이 있습니다."

그리고 자기만 아니라 다른 간수들도 보았다고 하였다. 그들은 이 기이한 현상이 하나님의 가호가 아닌가 생각했다고 한다.

그때 가장 감사했던 것은 성도들과 지인들이 거의 매일 면회를 와서 먹을 것을 넣어 주었다. 방에 함께 있는 사람들이 서른 명이라고 하면 건빵이나 빵을 서른 개 넣어주었다. 그리고 어떤 날은 라면을 끓여서 넣어주었는데 방에 있던 사람들이 별식으로 맛있게 먹었다. 하나님께서 복음을 전하는 나에게 필요한 것을 아낌없이 공급해 주셨다.

하루는 큰아들이 면회를 왔는데 얼굴에 시무룩한 표정이 역력했다. 날 보더니 이내 닭똥 같은 눈물을 뚝뚝 떨어뜨렸다. "사내 자식이 왜 눈물을 흘려, 무슨 일이야?"라고 물었더니 등록금이 없어 고등학교 입학을 못했다는 것이다. 그 말을 듣는 순간 억장이 무너지는 것 같았다.

나만 믿고 있던 아들들에게 너무 무심했다 싶어 하나님

앞에 엄청 회개하였다. "엄마가 미안해. 곧 나갈 수 있으니 조금만 기다려"라고 말하는데 참았던 눈물이 울컥하고 쏟아졌다.

영치금이 많이 모아져서 그 돈을 주려고 하였지만 영치금은 밖으로 내보낼 수 없다고 하였다. 나는 무능하게 아들에게 아무것도 해 주지 못하고 돌려보냈다. 그때만 생각하면 지금도 가슴이 저려온다.

드디어 내 소송건의 첫 재판을 받는 전날 밤이 되었다. 호실 사람들은 잠잘 때 벼락 맞는 꿈을 꾸면 좋다고 하면서 다들 벼락 맞는 꿈이나 꾸자면서 잠자리에 들었다. 벼락 맞는 일은 확률적으로 대단히 희박하지만, 요행히 처벌을 면하는 행운을 바라는 사람들의 심리가 아니겠는가?

그날 밤에 나는 벼락을 맞는 꿈 대신에 예수님을 만나는 꿈을 꾸었다. 주님이 걱정스러운 얼굴로 "네가 왜 여기에 와 있느냐?" 하면서 내 손을 잡고 일으키셨고, 나는 인자하신 주님의 손에 이끌려 일어났다. 꿈에서라도 예수님을 만나니 마음이 편안해졌다.

그 이튿날 재판을 받으러 나가는데 4008번을 단 죄수복을 입으라고 하였다. 재판정에는 친하게 지내던 동네 사람들이 많이 와 앉아 있었다. 다들 걱정스러운 얼굴로 나를 쳐다보았다. 눈물을 흘리는 사람들도 있었다. 하나님의 은혜로 재판은 집행유예로 판결이 났다. 이틀을 더 구치소에 있다가 출소하는데 집행유예로 나오는 사람은 밤에 보내고, 형을 받고 교도소로 가는 사람은 새벽에 나갔다.

78일간의 구치소 생활을 접고 나가려고 준비하는데 내게로 들어온 영치금이 아직 많이 남아 있다고 하였다. 다른 사람들은 그 돈을 다 가지고 나가는데, 나는 그러고 싶지 않아서 같은 감방에 있는 사람들에게 쓰라고 나누어 주었다. 그때 밍크 담요가 처음 나왔을 때였는데 그것도 주고, 책도 많이 들어와서 보자기에 싼 채로 건네주었다.

구치소에서 나오기 전 날 간수가 나를 모범수라고 하며 그 감방을 한 바퀴 돌아다니면서 인사를 하게 했다. 그 구치소가 생긴 이래로 "이 사람처럼 모범이 되는 사람이 없었다"고 간수가 말했다. 그리고 덧붙여 말하기를 "예수를 믿는 사람이라 다른 사람하고는 다르다"라고 하였다. 정말 부끄러운 기억이지만 구치소 생활 중에도 동행하여 주신 하나님의 은혜에 감사할 뿐이다.

> "나는 비천에 처할 줄도 알고 풍부에 처할 줄도 알아
> 모든 일 곧 배부름과 배고픔과 풍부와 궁핍에도
> 처할 줄 아는 일체의 비결을 배웠노라
> 내게 능력 주시는 자 안에서
> 내가 모든 것을 할 수 있느니라"(빌 4:12-13).

특별한 죄도 짓지 않고 억울하게 구치소를 다녀오게 된 이후에 나는 마치 날개 잃은 새처럼 힘과 의욕을 다 잃고 말았다. 그리고 아들들 보기에도 민망하고 부끄럽고 이웃 사람들의 얼굴을 대하기도 쉽지 않았다. 얼마 후에 고등법원에 항소를 하였는데 대한산소에서 나에 대해 탄원서를 써줌으로써 무죄 판결로 결정되었다.

그러나 구치소 생활을 경험한 것이 하나님의 일에 밑거름이 되었다. 갇힌 자들을 이해하게 되었고, 그들에게 복음을 전하기 위하여 구치소 간수들로부터 면회를 오지 않는 사람이 명단을 얻어서 그들을 도왔다. 면회 오는 사람

이 없으면 영치금도 없으니 그들을 위하여 영치금도 넣어주고, 그리고 여자들은 생리대가 없어서 고생을 많이 한다는 것을 알고 그것도 사서 넣어주었다.

나중에 신당동에서 개척교회를 할 때에 교도소와 구치소 사역을 15년 동안 하면서 전국에 있는 교도소나 구치소를 안 다녀 본 곳이 거의 없었다. 그리고 당시에는 여자들 중 교도소 사역을 하는 사람이 많지 않아 어려움이 많았지만, 하나님의 은혜로 그 사역을 잘 감당할 수 있었다.

나는 이 사역에 있어서 하나님의 심부름꾼이었다. 여러 지인들로부터 물질을 제공받았는데, 특히 내 주변에 있었던 상인들이 교도소 선교에 필요한 것을 많이 도와 주었다. 어떤 사람은 쌀을 몇십 가마니를 주기도 하였고, 과일도 몇십 박스나 기부하는 사람들이 있었다. 하루는 그들에게 "이렇게 많이 기부하면 어떻게 장사를 하느냐"고 물었더니 그들이 말하기를 "우리가 선한 일을 위하여 우 권사님께 기부를 하면 하나님이 도우셔서 장사가 참 잘되거든요"라고 하였다.

주님은 낮고 천한 자들을 위하여 이 세상에 오셨고, 가난한 고아와 과부와 갇힌 자를 사랑하셨다. 주님께서 나에게 그런 사람들을 돌볼 수 있는 선한 마음을 주셨다. 요셉처럼 죄 없이 감옥에 갔다오게 하시고, 남이 하지 못하는 유별난 경험을 하게 하셨다. 거기서도 하나님의 종인 것을 남들이 알도록 동행해 주셨다.

그렇게 구치소나 교도소 사역을 하다 보니 나중에 그들이 출소해서 갈 곳이 없을 때 우리 교회로 찾아왔다. 그들 중에는 교회에서 함께 봉사하는 사람도 있고, 간수 중에서도 우리 교회에 등록하여 일꾼이 된 사람도 있었다. 사도 바울이 "지금의 나 된 것은 오직 주님의 은혜라"고 한 것처럼 나 역시 지금의 나 된 것이 오직 주님의 은혜임을 굳게 믿고 있다.

21
개척교회를 시작하다

　비닐 공장과 집을 팔아 신당동에 대지 백 평의 일본 적산 가옥을 매입하였다. 집을 사고 보니 거기에 서울중앙교회가 있었는데 삼각산에서 기도를 많이 하던 '유택진' 전도사님이 시무하고 있었다. 개척교회여서 누구 한 사람 헌신적으로 섬기는 사람이 없었다. 하나님의 인도하심으로 믿고 유 전도사님을 도와서 개척교회를 섬기기 시작하였다.

　4-5평짜리 작은 방을 열여섯 개나 만들어 세를 주었다. 그러나 교회는 따로 세를 받지 않았다. 오히려 다른 방의

임대료를 받아 개척교회 재정을 충당하였다. 담임목사님을 청빙하여 사례를 드리고 점심 식사비를 전담하고 교회 운영에 상당한 물질을 투자하였다.

유 전도사님과 나는 나라와 민족을 위하여 기도하기로 하고 철야를 시작하였다. 유 전도사님도 나도 혼자였기에 밤을 새워 기도해도 관여하는 사람이 없었다. 철야기도회에 사람들이 하나둘씩 모여들어 20-30명씩 기도하였다. 그때는 12시가 통행금지 시간이었으므로, 우리는 밤 12시부터 새벽 4시까지 철야기도를 하였다.

신영균 목사님이 주로 설교를 많이 해주셨는데, 사정이 생겨 자주 오시지 못하게 되자 자신을 고문으로 세우라고 하였다. 그때 유명한 부흥사들을 고문으로 세우고 철야기도회에 여러 목사님들을 청하여 설교를 들었다. 그러는 가운데 기도하는 사람들도 많이 모이기 시작하였다. 찾아오는 성도들이 이 교회는 낮에는 몇십 명밖에 안 모이는데, 왜 저녁에는 몇백 명이 모이는 거냐고 물었다.

교인들이 많이 늘어나면서 전담 목사님을 모셨는데 거

의 100여 명쯤 모이면 데리고 나가는 것이었다. 그렇게 분립된 교회가 9개나 된다. 유 전도사님과 나는 그런 일이 있을 때마다 속이 상하였고 성도간에 은혜롭지 못한 말들이 오고갔다. 그러나 어떤 형태로든 하나님의 교회가 세워지니 그것까지 감사하게 생각하기로 하였다.

두 아들은 교회의 갈등과 분열을 목격하고 자라면서 교회에 대한 부정적인 인식이 깊이 자리하게 되었고, 목회자가 되는 것은 꿈도 꾸지 않았다.

하나님의 은혜로 교회는 꾸준히 기도하는 성도들의 발길이 이어졌다. 통행금지 시간이 되면 기도하다가 우리 집에서 자고 갔다. 언제나 성도들이 잠을 잘 수 있도록 침구를 준비해 두었다. 심지어 어떤 이들은 버스 토큰도 없다고 해서 아예 토큰도 사서 준비해 두었다. 언제든지 성도들이 식사할 수 있도록 배려하였고, 아이를 데리고 오는 이들을 위하여 사탕도 준비해 두었다.

어느 가을날 국화가 만발할 때였다. 강대상에 꽃을 올려드리고 싶었지만 경제적인 형편이 어려워 그리하지 못하고 있었는데 아주 예쁘게 핀 국화 화분 두 개가 교회 앞에 놓여 있었다. 누가 가져다 놓은 것은 아닌 것 같았다. 꽃들이 휘어지고 흩어져 있었다. 주인이 찾으러 올 줄 알고 화분에 "이것은 우리 것이 아니니 화분 주인은 찾아가십시오"라고 쪽지를 써서 붙여 놓았다.

그런데 며칠이 지나도 주인이 나타나지 않았다. 나는 화분을 만지면서 "하나님, 이 화분 임자를 찾아 주어야 하는데 꽃이 시들어 갑니다"라고 혼자 중얼거렸다. 그때 주님이 마음속에서 "내가 이 화분을 너에게 준 것이다"라고 말씀하셨다. 하나님은 내가 강단에 꽃을 드리고 싶은 마음을 아시고 누군가의 손을 통하여 교회 앞에 국화를 두고 가게 하신 것이다. 항상 내 마음을 익히 알고 채우시는 하나님의 은혜에 감사드렸다.

그 후에 어떤 부부가 기도하러 왔는데 강대상에 화분이 없어 허전하다고 하면서 자기들이 앞으로 꽃꽂이를 하든지 화분을 가져다 놓게 해 달라고 부탁하였다. 하나님께서는 은혜를 받은 성도들을 통하여 교회에 필요한 것을 채워주셨다

한번은 말일이 되어 설교 담당 목사님께 사례비를 드려야 하는 날이었다. 하나님께서는 돈이 필요한 것을 아시고 이웃 교회 권사를 통하여 채워 주셨다. 그분은 지나가던 길에 교회 앞에서 안내하는 나를 보고는 '하나님께서 헌금을 우리 교회에 주라고 하신다'면서 봉투 하나를 건네주었다. 마침 사례비가 필요했던 그날 하나님은 지나가던 이웃 권사의 마음을 감동시켜서 채워 주셨다.

그 권사님은 자개농 사업을 하는 사람이었는데 외국에 수출 길이 열려 사업이 은혜 가운데 잘 되고 있다면서 몇 번의 적지 않은 헌금을 우리 교회에 해주었다.

하루는 철야예배 시간 전에 안내를 하고 있는데 낯선 여자가 기도하러 왔다. 성령님께서 "저 여자는 사랑이 필요한 여자니 네가 사랑해 주어라" 하고 말씀하셨다. 나중에 그녀의 사정을 들어보니 어려서 부모를 잃고 고아가 되어 많은 고생과 역경을 겪었던 여자였다. 기도해 주더라도 다른 사람들보다 한 번 더 기도하였고, 먹을 것이 생기면 그녀만은 꼭 챙겨 주었다.

사랑은 시간이 지나면 반드시 알게 마련이다. 그녀는 눈물을 흘리며 고맙다고 했다. "내가 세상에 나와서 우 권사님한테 이런 사랑을 처음 받습니다"라고 말했다.

가끔 기도하는 사람들이 찾아와 심각한 문제로 상담을 요청할 때도 있었지만, 개인적으로 예언 기도를 해주는 일은 될 수 있는 한 삼갔다. 왜냐하면 예배를 통하여 말씀으로 은혜를 받으면 하나님께서 해결해 주시기 때문이다.

건물은 내 소유이니 전기세만 내면 되었고, 고정적인 지출은 목사님의 사례비였다. 그것도 항상 준비하였다가 챙겨드렸다. 헌금시간이 없는데도 불구하고 집회가 끝나면, 성도들이 은혜를 받고 땅문서, 약속어음, 금팔찌, 금목걸이 등을 바쳤다. 우리는 재정부를 조직한 다음에 그렇게 들어오는 것들을 장부에 다 기록하였다. 그리고 다시 그들에게 돌려주면서 '하나님께서 다 받으셨으니 다시 주인에게 돌려준다'고 하였다.

이렇게 우리 교회는 많은 사람들이 와서 주님의 은혜를 체험하고 예수님을 만났다. 사실 그것이 우리 교회의 목적이었다. 그리고 나라와 민족을 위해서 기도하는 시간을 날마다 가졌다.

장기 금식기도를 하기 위해서 오산리기도원에 가서 기도를 하였다. 23일째 되는 날 하나님은 환상 중에 오산리기도원 원장인 최자실 목사님을 보여주셨다. 하나님께서 "최자실 목사가 부럽지 않느냐"고 나에게 물으셨다. 그래서 "저는 그런 것은 하나도 부럽지 않습니다. 다만 우리가 개척교회를 하고 있는데 그 교회나 잘 되었으면 좋겠습니다"라고 했다. 그랬더니 주님께서는 "너는 목회할 사명이 아니다"고 말씀하셨다. 그리고 지금은 네가 하는 일을 알지 못하나 나중에는 알게 될 것이라고 하셨다.

설교를 담당하신 목사님들이 모이는 성도들을 자꾸 데리고 나가서 마음이 편하지 않았을 때, 하나님은 어느 날 나에게 말씀하시기를 기도원을 하라고 하셨다. 신당동에 있는 동안에는 교인들이 자꾸 떠날 터이니 산속으로 들어가 기도원을 지으라는 것이었다.

나는 말씀에 순종하기로 하고 기도원 터를 알아보던 중에 지금의 천보산기도원 자리가 마음에 들었다. 그곳에 유스호스텔이 자리하고 있었는데 그 건물을 리모델링하여 기도원으로 사용하면 좋을 것 같았다. 그 소원대로 주님은 천보산기도원 부지를 우리에게 허락해 주셨다.

　세상 사람들은 나를 버려도 하나님은 평생 동안 나를 버리지 않으셨다. 사람들은 실망을 안겨주었지만 하나님은 선한 길로 인도하시고 형통하게 하셨다.

22
찬송 중에 거하시는 하나님

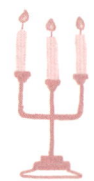

우리 기도원에 철야기도 하러 오는 사람이 있었는데, 그녀는 팔남매를 두어서 '팔남매 어머니'라고 불렸던 이 권사이다. 이 권사와 함께 다니는 화곡동 친구가 있었는데 그의 남편이 6.25 때 맞은 파편을 다 제거하지 못해서 머리가 항상 아팠다고 한다.

하루는 화곡동에 갈 일이 있어 이 권사와 함께 그 집을 방문하여 그 친구 남편을 만나게 되었다. 사십 년간 누워서 지냈던 사람이라 누에 번데기처럼 마르고 초췌해 보였다. 깔고 누워 있던 나일론 요는 다 낡아서 그물같이 엉켜 있었다.

그 영혼을 위하여 찬송 부르고 기도를 하였지만, 우리를 쳐다보지도 않고 개수작 부리지 말라며 벽만 바라보고 있었다. 유 원장님과 내가 그 사람의 아픈 머리를 만져 주면서 186장 "내 주의 보혈은"을 찬송하였다. 성령님이 감동 주셔서 눈물이 나왔다. 그 사람의 영혼이 너무도 가련하고 불쌍하게 느껴졌다.

그를 위해 진심으로 예배를 드리고 기도해 주었더니 그 사람이 좀전과는 달리 가만히 있었다. 심방예배를 마치고 오늘 불렀던 186장 찬송을 일주일만 계속 불러 보라고 하였다. "그 말에 순종만 하면 당신의 머리가 나을 것입니다"라고 말했다.

그리고 나서 일주일 후에 그곳에 갈 일이 있어서 전화로 방문을 통보하고 그 동네에 갔는데, 버스 정거장에 사람들이 나와서 기다리고 있었다. 그런데 어떤 잘생긴 남자가 내 손을 덥석 잡으면서 "아이구! 어서 오십시오"라고 하는 것이었다. 그가 도대체 누구인가 하고 자세히 보았더니 일주일 전에 그 집에서 본, 방에 누워 있던 그 남편이었다.

우리는 놀라서 어찌 된 영문이냐고 물었다. 그가 대답하기를, 그때 심방을 하고 간 후에 조금은 의심스러웠지만 찬송하는 게 뭐 어렵겠나 싶어서 그대로 하였더니 신기하게도 자기의 병이 깨끗이 치유가 되었다고 한다. 그리고 이제는 머리도 전혀 아프지 않다고 했다. 하나님이 하시는 일이지만 그래도 참 놀랍고 신기했다.

그때 나는 "하나님은 찬양 중에 거하신다"는 시편 22편 3절 말씀처럼 하나님은 그 사람이 찬양하는 것만으로도 그 병을 깨끗이 낫게 해주신다는 사실을 깨닫고 찬송의 위력이 참으로 크다는 것을 실감하였다.

또 한번은 팔남매 이 권사의 심방 요청이 있었다. 이 권사의 둘째 며느리가 직장에 다니는데 미군부대 부속품을 만드는 곳이었다. 아기를 임신하면 석 달쯤 되었을 때 유산이 된다는 것이었다.

그 집에 가서 엎드려 찬양을 하고 있는데 환상이 보였다. 무당이 조그만 떡시루 같은 것을 이고 칼춤을 추면서 나가는 것이 보였다. 그래서 그 며느리에게 "혹시 무당을 불러 굿을 한 적이 있느냐"고 물었더니, 친정어머니가 초하루 보름으로 자기 집에서 큰 굿을 하였다는 것이다.

그런데 굿을 하면 귀신들이 말하기를, 그 며느리는 예수를 믿으니 심통이 나서 아기를 유산시킨다고 하였다. 그래서 내가 다시 그 자부의 가슴과 배 위에 손을 대고 기도해 주었더니 감사하게도 그 뒤로 그 자부는 임신하여 건강한 아기를 낳았다.

또 팔남매 권사와 함께 다니던 사람이 반지하 셋방에 살고 있는 어떤 사람에게 심방을 갔다. 문을 열고 들어갔는데 그 사람이 부엌에서 칼을 가지고 나와서는 "큰 신 모신 사람이 와야지, 네까짓 것들이 오면 뭐하냐"고 말했다는 것이다.

교회에서 심방 갔던 사람들은 혼비백산하여 쫓겨나왔다. 그리고는 우 권사를 한번 모시고 와서 예배를 드리면 좋겠다고 말하여 나에게 심방을 요청하였다. 나는 "우리 교인도 아닌데 심방은 가지 않습니다"라고 말했더니, 그 사람들이 자기 교회 담임목사님의 허락을 받았다고 하면서 힌사고 힌 번 방문해 달라고 요청히였다.

하는 수 없이 우리가 심방을 가기로 했는데 그런 집에 심방을 가야 할 때에는 찬송부대를 데리고 가야 했다. 마귀를 쫓아내는 방법은 찬송과 기도뿐이기 때문이다. 그래서 찬송을 힘차게 잘 부르는 성도들과 함께 갔다.

그때가 한겨울이었는데 버스 정거장에 전부 나와서 기다리고 있었다. 함께 간 사람들이 다들 무서워하면서 뒤로 물러나섰다. 내가 천상 문을 열 수밖에 없었는데, 내 손이 문고리에 닿는 순간 불이 머리에서부터 온 몸에 확 쏟아지는 것을 느꼈다.

문을 열고 그 방으로 들어가니 그 남자는 팔베개를 하고 누워 있다가 나를 보고는 얼른 일어나서 무릎을 꿇고는 "아이고 큰 신 모신 분이 오셨군요" 하더니 어서 오라고 하면서 절을 하는 것이었다. 나는 그 사람을 내 옆에 앉혀 놓고 등을 두드리면서 찬양을 하였다. 그러자 그 사람이 눈물과 콧물을 계속 흘리는데 족히 한 사발 이상을 내 바지에 쏟았던 것 같다. 바지가 다 젖고 말았다.

그리고 환상이 보였다. 허름한 옷을 입은 한 남자가 아주 큰 싸리비를 들고 그 형제들의 집을 돌아다니면서 휙휙

쓸고 다녔다. 나는 예배를 드리고 나서 사람들에게 그 남자 가족의 형편을 물어보았다. 육남매가 전부 월셋방 신세를 면하지 못하고 가난하게 살고 있다고 하였다.

그후에 그 가족들은 우리 기도원에 저녁마다 기도하기 위하여 왔다. 그 가정의 폭력적인 사탄의 역사가 물러나고, 또 어렵고 가난하게 했던 형편이 점차 나아졌다.

하루는 그 가족들이 붕어빵을 가득 사 가지고 왔다. 그리고 반죽을 하지 않아도 되는 붕어빵 장사를 해 보겠다고 했다. 학교 앞에서 붕어빵을 구워 팔면서 매일 기도원에 와서 기도하였는데, 하나님의 은혜로 장사가 잘 돼서 다른 형제들에게도 붕어빵 장사를 권하였다. 육남매가 다 붕어빵 장사를 하여 돈을 벌었다. 일 년을 넘게 그 장사를 하더니 육남매가 한결같이 집을 사게 되었다.

그렇게 마귀가 역사하여 어렵고 힘들었는데, 열심히 기도하면서 신앙생활을 하였더니 하나님이 불쌍히 여기셔서 어려움에서 벗어나게 해주셨다. 그때 붕어빵 육남매 식구들 덕분에 붕어빵은 실컷 얻어먹었다.

23

나의 등 뒤에서 나를 도우시는 주

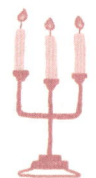

대한수도원 초창기에 은혜 받으러 다닐 때의 일이다. 이옥순 집사라는 사람이 갑자기 열이 나서 영등포 '윤내과'에 가서 검사를 받으니 '솔잎 결핵성'이라는 진단을 받았다. 나는 이 집사를 병원에 그냥 두고 갈 수 없어 옆에서 간병을 하였지만 마음은 온통 기도원에 가 있었다.

어느 금요일 밤에 대한수도원에 가는 꿈을 꾸었다. 수도원 집회가 끝나서 사람들이 점심 식사를 하려고 다 성전에서 나왔는데 나만 홀로 기도하겠다며 예배당으로 들어갔다.

예배실에 흰옷을 입은 예수님이 인자한 얼굴을 하고 서 계셨다. 왜 예수님은 안 나가셨느냐고 물었더니 나를 기다리고 계셨다고 하였다. 그리고 내가 오면 주려고 했다고 하시면서 금으로 된 저울을 주셨다. "이것은 금 저울이 아닙니까? 우리 친정 아버지도 이런 것을 가지고 계셨는데 제가 이런 것을 가져서 뭐합니까?"라고 말씀드렸더니 "네가 이것이 필요할 때가 있을 것이다"라고 하고는 순식간에 사라지셨다.

그 꿈을 꾸고 난 후로는 내가 기도를 하고 어떤 사람의 얼굴을 보면 그가 금 같은 믿음의 소유자인지 아닌지 알 수가 있었다. 사람을 알아보는 영적 분별력이 생긴 것이다.

결국 이옥순 집사는 삼 일 만에 별세하였다. 장례식을 치르기 위해 대한수도원 식구들이 와서 안치실에서 시신에게 수의를 입혀 주려고 보니 고인의 시체가 눈을 동그랗게 뜨고 입을 쩍 벌리고 있는 것이었다. 그 모습이 얼마나 소름끼치게 무서웠던지 염하는 자들이 손도 못 대고 도망을 쳤다.

죽은 이 집사는 평소에 예언의 은사가 있다고 했는데

죽은 후의 흉한 모습을 보니 구원받은 사람 같지 않았다. 나는 그 시신을 보고 그분은 천국에 가지 않았다는 것을 직감적으로 알았다. 비록 어떤 신령한 은사를 받았을지라도 그것으로 천국에 가는 것이 아니라, 예수 그리스도의 십자가 은총과 죄 사함을 통하여 가는 것임을 깨달았다.

대한수도원에서 기도하던 어느 날, 밤새도록 기도할 작정을 하고 깊은 산 속으로 들어갔다. 주변이 칠흑처럼 깜깜하여 전혀 앞을 구분할 수 없었다. 한참을 기도하는데 갑자기 소나기가 내렸다. 옷이 한 벌밖에 없으니 젖으면 큰 낭패다 싶어서 기도를 중단하고 일어섰다.

겉옷을 벗어 둘둘 말아 가슴 속에 넣었다. 내려오다 급한 김에 우선 큰 나무 밑에서 비를 잠시 피했다. 비가 잦아들기에 얼른 숙소로 가야겠다고 생각하고 희미한 숙소 불빛을 바라보며 발 밑에 무엇이 있는지도 모르고 불안한 걸음으로 부지런히 내려왔다.

그런데 불현듯 내 마음 속에서 "서라!" 하는 급한 음성이 들렸다. 무심결에 나도 모르게 그 자리에 우뚝 멈추었다. 그리고 나서 주위를 찬찬히 둘러보니 앞의 나무들이 한 그루도 보이지 않고 몇 발자국 앞의 백여 미터나 되는 절벽이 있었다. 주위가 워낙 캄캄하여 발 밑에 무엇이 있는지도 모르고 숙소의 희미한 불빛만 바라보고 급한 걸음만 재촉했던 것이다.

주님께서는 내 앞에 낭떠러지가 있으니 그 걸음을 멈추게 해주셨다. 몇 발자국만 더 나갔으면 낭떠러지에서 떨어져 죽었든지 아니면 심한 부상으로 불구자가 되었을 것이다. 이렇게 한 치 앞도 못 보는 인생인데 주님이 나를 안전하게 인도해 주셨다.

우리는 야생마처럼 그저 앞만 보고 달려가는 어리석은 인생이 아닌가? 지금도 나의 등 뒤에서 나를 지켜주신 주님의 은혜에 감사하고 또 감사하며 날마다 안전지대로 날 인도해 주시는 하나님의 은혜를 찬송한다.

♬ 나의 등 뒤에서 나를 도우시는 주
　나의 인생길에서 지치고 곤하여
　매일처럼 주저앉고 싶을 때 나를 밀어 주시네

'정재'야 일어나라 내가 새 힘을 주리니

일어나 너 걸어라 내 너를 도우리

나의 등 뒤에서 나를 도우시는 주

평안히 길을 갈 때 보이지 않아도

지치고 곤하여 넘어질 때면 다가와 손 내미시네

'정재'야 일어나라 내가 새 힘을 주리니

일어나 너 걸어라 내 너를 도우리

나의 등 뒤에서 나를 도우시는 주

때때로 뒤돌아보면 여전히 계신 주

잔잔한 미소로 바라보시며 나를 재촉하시네

'정재'야 일어나라 내가 새 힘을 주리니

일어나 너 걸어라 내 너를 도우리

24
생사를 오가는 길목에서도

기도원 사역은 오직 하나님만 바라보아야지 물질적인 욕심을 가지거나 정직하지 못한 사람들과 이해관계가 얽히면 그 올가미에서 벗어나기가 매우 힘들다.

신당동에서 개척교회를 섬길 때의 일이다. 하루는 권사 부부가 등록을 했다. 과부 된 권사가 혼자 살기가 힘들었던지 재혼을 하였는데 두 사람이 만난 지도 얼마 되지 않아 보였다. 그 권사는 한남동 육거리 옆 시유지 땅에 널빤지로 오막살이 집을 짓고 살았는데, 그 땅을 시에서 분할하여 매입할 수 있는 권한을 얻게 되었다. 그러나 막상 그 땅을 살

돈이 없었다. 거기에 상가를 지어 가게를 하나씩 분양해 주기로 하고 이웃 사람들에게 돈을 빌렸다. 세 사람이 250만 원씩을 주어서 750만 원에 그 땅을 분할 받았다.

그런데 막상 땅은 분할 받았지만 자금이 없어 2년이 지나도 건물을 올리지 못했다. 분할 받을 때 250만 원씩 준 사람들이 그 땅을 가등기해 두었다. 그리고 그 권사는 건축을 위하여 또 여러 사람들에게 돈을 빌렸는데 그 중에 나도 천만 원을 빌려주었다. 위치가 좋은 곳이라 상가를 지으면 인기가 있을 것이라 생각했다. 그러나 모두 남의 돈을 빌려서 지은 건물이라 채무 관계가 복잡했다.

그래서 채권자들이 대표를 한 사람 세우기로 하고 나를 결정하였다. 나는 채권자들의 대표가 되다 보니 그들이 그곳에 각자 얼마를 투자했다는 영수증과 언제까지 갚아주겠다는 각서를 써주어야 했다. 원 채무자가 갚아야 할 돈이 3천만 원이었다. 채권자들이 가등기를 해 두었다.

그런데 그곳이 상가로서 입지 조건이 탁월하다는 것을 알고 브로커들이 원주인에게 '당신이 사기를 당한 것이라'고 말했다. 그 권사는 글도 모르는 사람인데 브로커들의 말만 믿고 나를 고소하였다. 이 브로커들이 채권의 권리를 포기하도록 하기 위해 법적인 계략을 꾸몄던 것이다.

  고소장이 특수 검찰에 넘겨져 검찰에서 우리 집을 압수 수색하기에 이르렀다. 그날 아침에 새벽기도를 하고 있는데 일곱 살 정도 돼 보이는 아이가 내 손을 잡고 자꾸 일으키면서 나를 끌고 어디로 가자고 했다. 그 아이를 찬찬히 살펴보니 겨드랑이 밑에 하얀 날개가 달려 있었다. 그 아이가 인도하는 곳으로 따라가 보니 우리 외사촌 아들네 집이었다. 그 집 앞에 나를 데려와 놓고 아이는 신속히 사라졌다.
  아침 밥을 먹고 10시쯤 집에 갔더니, 심부름하는 아이가 집 앞에 나와 있다가 나를 보더니 지금 집에 들어가면 안 된다고 했다. 형사들이 집안을 수색 중이라 붙잡혀 갈 수 있다고 했다. 나는 우선 유 원장님 딸의 집으로 몸을 피했다.
  나중에 자수하라고 하기에 내 사건 맡은 담당자에게 가서 그 동안 이루어진 상황을 자세히 설명했다. 그는 큰 사건인 줄 알았는데 보따리를 풀어보니 아무 것도 아닌 일이라고 말했다. 그래서 그들이 나에게 써준 영수증과 각서를 보여주면서 내가 무죄라는 것을 증명해 보였다. 이 사건 때문에 7년이나 시달렸으며, 이를 해결하기 위해 삼일 금식에 하루 죽을 먹는 기도를 여러 번 하였다.

하루는 원주인인 그 권사가 내게 와서 고소를 취하해 줄 테니 3천만 원을 달라고 했다. 그리고 자기는 재혼한 남편 몰래 떠나겠다고 하였다. 그 집 시세를 계산해 보니 7천만 원 정도는 될 것 같았다. 그래서 다른 채권자들의 빚을 갚으면 크게 손해 날 것 같지 않았고, 마침 추석이 가까운 때라 마땅히 돈을 빌리지 못하여 2천만 원을 마련해 주었다. 그 권사는 돈을 받고 고소를 취하한 다음 모든 권리를 나에게 넘겨주었다.

그후로 어느 날 철야기도를 하고 집에 들어가 성경을 읽고 있는데 새벽 이른 시간에 복면을 쓴 사람이 창문을 열고 들어왔다. 그는 복면을 벗어던지며 자기가 누군지 알겠느냐고 했다. 자세히 보니 돈을 받고 도망친 그 권사의 남편이었다. 그가 내 목에 칼을 들이대고 이렇게 말했다.

"내 칼에 찔려 죽든지, 돈을 가지고 도망한 내 마누라를 찾아내든지, 아니면 돈 천만 원을 내놓든지 하시오."

순간 두려움이 밀려오면서 사람이 이렇게 황당하게 죽는가 싶었다. 그때 목에 칼을 들이대고 있는 위급한 상황에서 순간적으로 내 마음속에 이런 음성이 들렸다.

"지혜롭게 피해라. 세상 법도 있지 않느냐."

하나님의 음성이라는 확신이 들면서 안도감이 생겼다. 주님이 나와 함께 계신다는 것만으로 그의 칼이 두렵지 않았다. 그 급박한 상황에서도 마음이 차분해지면서 낮은 목소리로 그에게 말했다.

"그럼 내가 돈 천만 원을 해주겠소."

그리고는 지금 당장 현찰이 없으니 날이 밝으면 어떻게 해서든지 마련해 주겠다고 설득하였다. 그는 의심의 눈초리로 한참 노려 보더니 내 말에 수긍하는 듯이 밖으로 나가려고 했다. 그런데 갑자기 돌변하여 다시 휙 돌아서며 "아니, 그냥 이걸 확 죽여버려!" 하면서 나에게 칼을 휘둘렀다. 겁을 주려고 위협했던 것 같은데 나는 칼을 피하다가 그만 검지 손가락이 베이고 말았다. 그리고 그는 쏜살같이 뛰쳐 나갔다.

이런 생사를 오가는 급박한 일이 벌어지고 있을 때, 마침 우리 교회에 다니는 이옥순 집사가 우리 집 근처로 지나가다가 방 안에서 두런거리며 얘기하는 소리를 들었다. 그 남자가 나간 후 나는 급히 경찰에 신고를 했으나, 증거물인 칼을 찾지 못하여 그가 살인미수였다는 것을 증명할 수가 없었다. 그리고 누구 하나 현장을 목격한 사람도 없었다.

나중에 이옥순 집사가 방에서 말하는 소리를 들었다고 증언해 주었고, 또 칼 끝에 손가락을 다친 것도 증거가 되었으며, 결정적 증거물인 칼도 찾아내었다. 그 남자는 결국 2년 형을 선고받았다.

그런데 그의 자녀들이 찾아와서 "우리 아버지 한 번만 용서해 주세요"라고 빌면서 부탁을 하였다. 나는 그 사람이 죄를 짓기는 했지만 그 자식들의 간청에 못 이겨 그를 풀어달라고 탄원서를 썼다. '마누라도 도망가고 돈도 없어졌으니 마음이 너무 괴로워서 우발적으로 한 행동이지 나를 해칠 마음은 없었다'고 진술하고 오히려 내가 선처해 주십사고 빌었다. 결국 그 남자는 집행유예로 풀려났고, 내가 그에게 선을 베푼 것을 알고 다시는 나를 찾아와서 해코지

하지는 않았다.

나는 그 동안의 정신적 압박과 법적인 문제로 고통을 당하면서 하나님께 많이 회개하였다. 복음을 위하여 일하는 자가 세상 물질에 관심을 가졌으니 하나님이 기뻐하시지 않았던 것 같다. 그리고 내 생명이 위험에 처했을 때라도 하나님은 나와 함께 하시고 보호하신다는 것을 체험하였다.

이렇게 못난 나를 보살피시고 지켜주신 하나님의 은혜가 무한 감사하여 울고 또 울었다. 두 아들들도 내가 당하는 고난을 이해하지 못하고 곤하게 잠만 자는데, 하나님은 내가 뜬눈으로 밤을 지새우며 고민할 때에 불꽃 같은 눈으로 바라보시고 졸지도 아니하시고 주무시지도 않으시고 내 생명을 안전하게 지켜주셨다.

> "여호와께서 너를 실족하지 아니하게 하시며
> 너를 지키시는 이가 졸지 아니하시리로다
> 이스라엘을 지키시는 이는 졸지도 아니하시고
> 주무시지도 아니하시리로다"(시 121:3-4).

어렵게 마련했던 그 건물을 팔고 싶어서 7년 동안이나 기도했지만, 웬일인지 그때는 팔리지 않았다. 그런데 천보산기도원을 짓고 나서, 지금 우리 기도원 숙소로 쓰고 있는 미술관 건물을 지을 때 그 건물이 팔렸다. 그 돈으로 미술관을 잘 지을 수 있었다.

하나님은 우리 기도원의 재정에 관해서도 빈틈없이 신경을 쓰고 채워주셨다. 나의 재산인 그 건물을 지켜주시고, 다른 용도로 쓰려고 할 때는 그 건물이 팔리지 않더니 하나님의 일에 써야 할 때가 되니 팔리게 하셔서 건축자금을 충당하게 하셨다. 놀라우신 하나님의 은혜가 아닌가.

하나님은 지금도 우리 기도원의 재정문제는 물론이고, 우리의 앉고 일어섬과 우리의 안전까지 책임지고 계신다. 한 순간도 하나님의 은혜가 없으면 기도원 사역을 감당할 수 없다. "하나님이 집을 지키지 아니하시면 파수꾼의 경성함이 허사로다"라고 말씀하신 것처럼 언제나 천보산민족기도원과 우리 가정을 눈동자와 같이 지켜주신다.

25 날개가 되어준 두 아들

하나님은 나를 긍휼히 여기셔서 딸을 일찍 데리고 가신 대신에 두 아들을 목사가 되게 하셨다. 하나님의 뜻을 이행하는 거룩한 사역에 아들들이 동승한 것이다.

장남 '홍완진'은 열여덟 살이 되었을 때 아버지와 살기 싫다며 나를 찾아왔다. 그 다음 해에는 차남 '홍순탁'도 어머니와 함께 살고 싶다며 찾아왔다. 둘은 군대도 가야 했고 대학도 들어가야 했다. 두 아들은 어머니를 돕겠다고 새벽 어두운 시간에 신당동 골목마다 뛰어다니며 신문 배달을 하였다. 하도 뛰어다녀 신발이 금방 해어졌기에 하루는 아들들에게 새 운동화를 사 신겼다.

"뛰어 다니면 땀이 많이 나서 미끄러울 테니 양말은 벗고 신어라."

부모 때문에 고생하는 아들들이 가련하고 안쓰러웠다.

장남은 아버지와 있으면서 가정 형편이 어려워 고등학교 진학을 하지 못했다가 내게 와서 검정고시 공부를 하고 숭실대 법대에 입학하였다. 법관이 될 꿈을 품고 대학을 졸업한 후에 줄곧 사법고시 준비에 매달렸다. 마침내 사법고시 1차 시험을 치기 위하여 시골 고시원에 있다가 서울 집으로 올라왔다. 사법고시가 있던 그 전날 잠을 자다가 큰아이가 이런 꿈을 꾸었다.

교회당 예배실에 방석들이 가지런히 깔려 있었다. 아들 완진이와 내가 기도하고 있는데 예배 시간이 다 되었어도 설교할 목사님이 등단하지 않았다. 남자 사찰 집사님이 내게 와서 설교자가 올 수 없는 형편이 되었다고 말했고, 나는 옆에 앉았던 아들에게 강단에 올라가서 설교를 대신하라고 지시했다. 장남은 당연한 듯 단상 위로 올라가 옆의 기도하는 곳에서 엎드려 기도한 후에 강단에 올라갔다.

바닥에 열 명 남짓 앉아 있는데 그들은 마치 나병 환자처럼 거의 죽어가는 얼굴에 거적대기를 뒤집어쓰고 있었다. 무슨 내용인지 모르는 설교를 열심히 하는데 파리하게 죽어가던 그들의 얼굴이 환해지면서 빛이 나고 웃음을 지으며 거적대기를 벗고 있었다. 그들 뒤의 컴컴한 무덤 같은 곳에서 시체 같은 모습을 한 수많은 사람들이 일어나 앉아 설교를 듣는데 거적대기를 벗고 그들도 얼굴이 환해지면서 밝게 미소를 띠고 있었다.

이런 희한한 꿈을 꾼 완진이가 새벽 네시에 깨어 일어나서 "어머니! 도대체 이게 무슨 꿈일까요?" 하고 물었다. 평소에 장남을 위하여 기도하면서 사법고시에 합격하여 법관이 되게 해 달라고 기도하였는데, 하나님의 뜻은 다른 데 있는 것인가 하고 내심 놀랐다. 아무리 생각해도 그것은 아들이 목사가 되는 꿈이었다.

"완진아, 너 사법고시고 뭐고 다 그만두고 목사 되는 것이 어떻겠니?"

아들도 적잖이 당황하는 낯빛이 역력했다. "이때껏 사법고시를 준비해 왔는데 별안간 무슨 소립니까. 나는 뻔데기 장사를 했으면 했지 목사는 되기 싫어요"라고 말했다. 그동안 개척교회에서 일어난 여러 가지 분쟁과 목회자들이 가난하게 생활하는 것을 옆에서 지켜본 아들은 목사직에 대하여 전혀 관심이 없었다. 그때가 장남의 나이 서른 살이었고, 그가 목사 되기로 결심한 것은 십여 년이 훨씬 지나서였다. 아들은 오랜 시간을 방황하면서 하나님의 뜻을 수용하지 못하고 있었다.

하나님은 어린 시절부터 완진이에게 목사의 길을 암시하셨다. 초등학교 4학년 때 완진이가 하늘로 올라가는 꿈을 꾸었다고 한다. 나선형 계단이 하늘에 닿았고 그 계단을 한계단 한계단 힘들게 하늘을 향해 올라가는데 하얀 가운을 입고 지팡이를 손에 잡고 있었다. 그리고 뒤에는 수천 마리의 하얀 돼지들이 웃으면서 따라오고 있었다. 완진이는 깨어나 기분 좋아라 하며 "오늘은 재수가 좋으려나, 웬 돼지꿈인가" 했다고 한다.

결정적으로 신학을 공부해야겠다고 생각한 것은 사법고시를 포기하고 마흔셋에 영국에 갔을 때이다. 더 이상 한국에 있다가는 친구들과 어울려서 술이나 마시고 세속적 생활에서 벗어나지 못하고 허송세월할 것이 분명했다. 그래서 영국 유학길에 올라 '바이블 칼리지 웨일즈'(B.C.W)에 입학하였다. 우선 영어를 배워야 하는데 그 학교는 학비가 없고 기숙사 생활을 할 수 있었기 때문이다.

기숙사에는 아프리카 등지에서 평생을 선교사로 섬기다가 말년에 안식하는 할머니들이 열두세 분이 계셨다. 그들은 평생 처녀로 사역하였기에 가족도 없었다. 하루는 그분들에게 식사를 대접해드렸는데 선교사님들이 무척 기뻐하셨다. 그분들만 아니라 하나님도 기뻐하셨던 모양이다. 가볍게 산책을 하는데 가로수 사이로 눈부신 햇빛이 신비스럽게 완진이를 둘러 비추며 성령님의 음성이 들렸다.

"생큐 조셉."(완진이의 영어 이름이 조셉이었다.)

성령의 임재와 함께 마음에 신령한 기쁨이 넘쳐났다. 하나님이 자신을 위해 결혼도 포기하고 미스로 평생을 섬겼던 당신이 종들을 대접한 것을 기뻐하신 것이다 어머니를 통하여 귀로만 듣던 하나님이 마침내 아들 완진이에게도 말씀하셨다. 하나님이 자기와 함께 거하시고 거룩한 길을 가게 하신다면 신학을 못할 이유가 전혀 없다고 확신했다.

아들은 마음으로 결단하고 목회자의 길을 걷게 되었다. 전에는 법전을 들고 앉아 있으면 어렵기도 하고 그렇게 진도가 나가지 않았는데, 성경이나 신학서적을 읽고 있으면 시간 가는 줄 모르게 집중이 되었다고 한다. 하나님이 한 번 결정하신 것은 사람이 아무리 거역하고 뿌리쳐도 결국에는 순종할 수밖에 없는 것이 하나님의 섭리다.

아들 완진이는 예수님을 믿는 어머니의 고달픈 삶과 개척교회의 여러 갈등과 고충들을 지켜보면서 결코 목사가 될 마음이 없었다. 그러나 하나님은 아들들이 하나님의 뜻을 수용하기까지 오랫동안 기다려 주셨다. 아들들이 자원하여 그 길을 걸을 때까지 주님은 묵묵히 동행하기만 하셨다.

이렇게 장남은 영국에 가서 자연스럽게 신학을 하게 되고, 차남은 미국에 가서 신학을 공부하고 선교사가 되었다. 차남 '홍순탁'은 미국 유니온 신학교에서 공부를 마쳤고, 섬기는 교회가 그를 캄보디아 선교사로 파송하였다. 오직 하나님밖에 모르고 기도원 섬기는 것밖에 몰랐던 나에게 하나님은 두 아들을 양 날개처럼 달아 주셨다.

그러고 보니 첫 아들을 임신했을 때 꾼 태몽이 기억난다. 푸른 창공에서 두 마리의 비둘기가 은빛 날개를 펄럭이며 내 어깨에 살포시 앉았다. 나는 그 두 마리 비둘기를 품안에 안았다. 지나고 보니 하나님은 처음부터 세밀하고 자상하게 계획하시고 우리를 이끌어 오셨다.

26 나의 멘토 유택진 원장

유택진 전도사님은 신당동 개척교회 시절부터 천보산기도원 시절까지 약 40여 년 간 나의 사역의 동역자였다. 가족처럼 동고동락했던 유 원장님은 나보다 열 살 위였다. 언니라기보다는 나의 영적인 어머니이며 스승이었고, 기도원 사역을 함께하는 내 인생의 멘토였다. 동경신학교를 나와서 국내에서는 알고 지내는 목회자들이 별로 없었으므로 오직 하나님만 바라보고 목양에 일념하였다. 성도들에게 고함 한번 지르지 않고 늘 평온하고 조용한 성품을 지니셨다.

내가 그와 함께 사역하면서 배운 것은 정직과 진실한 삶이다. 그는 농담이라도 거짓말을 할 줄 몰랐다. 언제나 사람을 의지하지 않고 하나님 앞에서 진실하고 깨끗한 성품의 소유자였다.

그녀는 무소유의 사람이었다. 나는 지금까지 살아오면서 그분과 같이 자기 것이 없는 사람을 본 적이 없다. 그저 가진 것이 있으면 다 벗어주고 나눠주는 분이었다. 정말로 그분은 참 그리스도인다운 삶을 사셨다. 그리고 깊은 기도의 영성을 지닌 분이었다. 그가 통성으로 기도를 하면 모든 사람들이 은혜를 받아 눈물바다를 이루었다.

신당동 기도원 시절에 목요일마다 철야기도회가 있었다. 밤 12시에 시작하면 새벽 4시 반쯤에 마쳤다. 설교는 성경에 있는 그대로 30여 분 말씀을 전하고 나면 찬송과 통성기도를 번갈아 가면서 했다. 그분이 기도회를 인도하면 찬송과 기도에 불이 붙었다. 기도의 영력이 있어 다들 가슴을 치고 통회 자복하였으며 눈물로 기도하였다.

성령의 역사가 충만하여 늘 이슬 같은 은혜가 임했다.

하늘에서 안개가 자욱하게 내려서 강대상의 유 원장님이 희미하게 보였다. 지하 교회당 바닥에 안개 이슬이 맺혀 바닥이 미끄러울 정도였다. 나중에는 안전을 위하여 바닥재를 바꾸고 매일 걸레질로 물기를 닦아내었다.

특별한 기적이 일어나지 않아도 성도들은 이슬같이 내리는 성령님의 충만한 은혜를 체험하기 위해 구름 떼같이 모여들었다. 주일 예배 때에는 본 교인들이 60-70명 되었지만 철야기도회 때는 400-500명씩 찾아왔다. 85평의 지하 예배실이 비좁아서 사람들은 강대상 곁에 와서 앉고 통로에도 빽빽하게 앉았다.

하루는 철야하는 목요일에 눈이 내렸다. 오늘은 성도들이 눈 때문에 교통편도 불편하니 오는 사람이 별로 없을 것이라고 생각했는데, 예상 밖에 성도들이 많이 찾아왔다. 버스가 없어 눈길에 걸어왔다고 하였다. 눈길에 미끄러지지 않으려고 신발에 끈을 묶어서 왔다고 하였다.

성령의 역사가 강력하게 임하고 기도의 응답이 분명히 나타나면서 기도하는 사람들이 꾸준히 기도원을 찾았다. 천보산으로 이사한 후에도 기도하는 성도들의 발걸음은 끊이지 않는다.

어떤 장로가 토종닭을 키우면서 병아리를 부화시키는 기술이 있었는데, 부화장 시설을 갖추면 돈을 많이 번다고 하였다. 그 장로의 말을 믿고 부화장 만드는 시설을 갖추었다. 하루는 그 장로가 성남 가는 길에 들렀다며 함께 저녁 식사를 하게 되었다. 내 속에서 자꾸 "도둑놈 도둑놈"이라는 소리가 들렸다. 이상한 생각이 계속 들어 그가 간 후에 유 원장님께 말씀드렸더니 "그런 소리 함부로 하면 안 된다"는 말만 하였다. 잘 모르면서 사람을 의심하면 안 된다는 뜻이었다.

어느 날 다른 분이 그 부화장 만드는 곳을 찾아 왔는데 그도 병아리 부화 사업을 한다는 것이었다. 나는 그분에게 부화장 시설을 갖추는 데 얼마가 드는지 물었다. 자기는 그 기계 한 대 설치하는 데 40만 원을 주었다고 했다. 나는 깜짝 놀랐다. 그 장로가 나에게는 세 배나 많이 받은 것이다. 나를 속였다는 사실에 분하기도 하고 너무 속이 상한 마음에 집에 와서 원장님께 이렇게 따졌다.

"전도사가 돼 가지고 그런 도둑놈을 못 알아봅니까! 내가 그렇게 도둑놈이라고 하는데도 내 말을 믿지 않았잖아요."

부화 기계를 판 장로에게 나머지 80만 원을 되돌려 달라고 하였으나 배상할 마음이 전혀 없어 보였다. 그래서 내가 알고 있던 동부경찰서 서장에게 말했더니 고소장을 넣으라고 했다. 당장 고소장을 써서 제출하니 단번에 그 사람을 잡아갔고 그는 돈이 없다고 딱 잡아뗐다. 그러면 그 기계를 다시 가져가라고 했더니 자기가 지금은 돈이 없으니 방을 빼서 주겠다고 하였다.

그 일로 인하여 속상해 하나님께 기도하는데, 하나님께서 하시는 말씀이 "너하고 유 전도사하고는 사명이 다르다"고 하셨다. "너는 장사를 해서 살아야 하니 너에게는 사람을 분별할 수 있는 능력을 준 것이다. 그러나 유 전도사에게는 심방하고 복음을 전하는 은사를 주었다"라고 하셨다.

그래도 내가 수긍하지 않자, 주님께서는 "네가 전도사 하는 일을 할 수 있느냐"고 물으셨다. 내가 자신있게 '할 수 있다'고 대답하자 주님은 "너는 길눈이 어두워서 집을 잘 찾지 못해 심방하기가 어렵지만, 유 전도사는 길눈이 밝아서 한 번 간 곳은 일본의 동경이라도 찾아간다"라고 하셨다. 그러고 보니 나는 장사꾼이고 유 전도사님은 말씀과 심방에 전념하는 분이라는 사실을 새삼 깨달았다. 별것 아닌 일로 하나님께 불평했다는 것을 알고 회개하였다.

유 원장님의 기도는 응답의 속도가 빨랐다. 평소에 늘 교회당에서 기도하는 일을 하다 보니 하나님께서는 누구보다도 유 원장님의 기도를 빨리 들어주셨다.

하루는 지방으로 학생들 여름수련회를 가려고 준비하고 있었다. 김치도 담그고 간식도 마련하였다. 이제 떠나기만 하면 되었다. 그런데 라디오에서 내일 비가 온다는 일기예보가 흘러나왔다. 그 말을 들은 원장님은 강대상 앞에 엎드려 울면서 기도했다.

"하나님, 아이들과 함께 수련회에 가려고 준비를 다 마쳤는데 비가 오면 어떻게 합니까? 비가 오지 않게 해 주십시오."

신기하게도 그 다음 날 비가 그치고 하늘이 맑아져 수

련회에 아무 지장 없이 다녀왔다. 그런 일이 한두 번이 아니었다. 여름 장마철 연일 비가 오는 중에도 유 원장님이 하나님께 기도하면 신통하게도 비가 그쳐서 교회 행사를 무사히 마칠 수 있었다.

하나님은 유 원장님의 기도를 특별하게 들으시는 것 같았다. 평소에도 기도 대장이셨다. 방에 들어와 편히 주무시는 법이 거의 없었다. 항상 강대상 앞에서 기도하고 그곳에서 잠을 잤다.

유 원장님과는 서로 존경하고 아껴주면서 40년 동안 눈살 한번 찌푸리지 않고 살았다. 사랑이 많으신 분이어서 사람들이 '사랑의 사도'라고 별명을 붙였다. 교인들이 둘의 모습을 보고 부부지간에도 그렇게는 못한다고 말했다. 문득 다윗과 요나단의 우정이 떠오른다.

개척교회 섬기면서 설교 담당 목사님들이 교인들을 데리고 나가 마음에 상처를 입고 분하고 억울해도 유 원장님은 '예쁜 딸을 키워 시집 보냈다고 생각하라'고만 하시고 아무 말이 없었다. 거짓이 없이 진실하고 정직하고 성실하신 분이었다. 정말 예수님의 마음을 지닌 분이었다. 그는 영적으로 나를 키워 주고 하나하나 자상하게 가르쳐 주고 밀어 주며 기다려 주었다. 옆에서 나의 버팀목도 되었고 항상 기도와 사랑으로 협력해 주셨다.

그는 소천할 때 대장암 진단을 받으셨다. 그러나 아흔 살까지 장수하시면서 천보산민족기도원 원장직을 수행하셨다. 성심병원에서 임종하셨는데 성도들에게 부담을 주지 않으려고 부의금을 일체 받지 않았다. 조화도 받지 않는다고 하였지만 성도들은 부의금 대신에 유 원장님이 좋아하시는 꽃이라도 보낸다면서 꽃들을 많이 보냈는데 들어온 조의 꽃만 해도 두 트럭 반이 되었다.

하나님의 부르심을 받고 기쁘게 천국에 가신 유 원장님을 보내면서 가슴 한 켠이 텅 빈 것 같았다. 아이가 엄마를 잃은 듯 허전함과 진한 슬픔이 묻어났다. 그러나 한편 유 원장님이 무소유로 살다가 영광스럽게 천국에 가시는 것을 보면서 하나님에 대하여 부요한 자가 그와 같다는 것을 깨달았다.

> "오직 너희를 위하여 보물을 하늘에 쌓아두라
> 거기는 좀이나 동록이 해하지 못하며
> 도둑이 구멍을 뚫지도 못하고 도둑질도 못하느니라
> 네 보물 있는 그 곳에는 네 마음도 있느니라"(마 6:20-21).

유택진 원장님이 뜨겁게 통성기도를 인도하시고, 성도들이 은혜를 받아 눈물로 회개하는 소리가 지금도 예배실에 쩌렁쩌렁 울리는 듯하다.

27
욥의 악창과 같은 류마티스 병

내가 류마티스라는 질병을 앓기 전에 이스라엘에 성지순례를 다녀왔다. 그나마도 성지순례를 다녀온 후에 병을 앓아서 다행이었다. 나에게 류마티스는 욥의 악창과 같은 큰 고통을 안겨주었다. 다리 종아리에 돌덩어리를 매달은 것같이 무겁고 발을 떼기가 힘들었다. 그리고 으실으실 한기가 느껴졌다. 그래서 약국에 가서 약을 사다 먹고 한여름에도 전기장판을 켜고 누워 있으면 땀이 많이 배어 나왔다. 그리고 온몸이 쑤시면서 열이 떨어지지 않았다.

이느 날 꿈을 꾸었는데 여러 외국인들이 많이 보였다.

필리핀, 일본, 캄보디아, 아프리카 사람들, 세계 각국의 사람들이 많이 모여 있는데 나를 그들 가운데 세워놓고 어깨에서부터 발목까지 커다란 굵은 동아줄로 꽁꽁 묶어 놓고는 좋아하면서 웃고 있었다.

꿈을 꾸고 난 후에 그 질병을 앓으면서 쉽게 나을 병이 아니라는 생각이 들었다. 그래서 서울대학병원에 입원을 하게 되었는데 그 병원 주치의가 자기 아들의 류마티스를 고치기 위하여 미국에 가서 8년 동안 연구를 하였다고 말했다.

병원에 가서도 열이 나기 시작하면 해열제 주사를 맞고 약을 먹었지만 효과가 없었다. 온몸에 얼음주머니를 올려놓아도 열이 쉽사리 내려가지 않았다. 열도 내리지 않고 아무 차도 없이 20일 정도를 끌었다. 매일 고통스러워서 하나님께 기도하였다.

"하나님! 제가 하나님의 뜻을 어긴 것이 무엇입니까? 왜 이러한 고통을 겪으면서 살아야 합니까?"

간절히 기도하는데 환상이 보였다. 열두 살 정도 되어 보이고 머리를 빡빡 깎은 어린 동자승이 내 몸에서 나와 나를 보고 눈을 흘기면서 문으로 나가는 것이었다. 그런데 그 환상을 본 이후부터는 열이 내리기 시작했다.

  의사는 내가 외국에 다녀와서 걸리게 된 질병인지 알아보기 위해서 매일 피 검사를 하였다. 평소에 식생활은 어떠한지 물었다. 나는 기독교인인데 삼 일은 단식하고 또 삼 일은 죽을 먹으면서 15년 동안 기도생활을 했으며, 특별히 내가 좋아하는 음식은 보리밥과 된장국이라고 하였다. 그러자 의사는 "그럼 그렇지! 피 검사를 했는데 마치 어린아이와 같이 아주 깨끗한 피로 나오기에 이상해서 물어보았지요"라고 하였다.

  그때는 류마티스라는 병에 대해서 아는 의사도 없었고, 치료 방법조차 잘 알지 못했다. 의학계에서도 연구하는 중에 있었다. 내 주치의 교수는 나를 대상으로 하여 류마티스라는 질병에 대하여 처음으로 임상실험을 하여 논문을 쓰는 중이었다.

  의사들은 매일 무슨 풀뿌리 같은 것으로 즙을 짜서 나에게 먹였다. 어떤 약초가 이 질병에 효과가 있는지를 알아보기 위해서 매일 그렇게 즙을 낸 약초를 먹는데 정말 괴로운 일이었다. 어떤 때는 약효를 검사하기 위하여 심한 통증이 있어도 진통제를 놓아 주지 않았다.

이 질병은 얄미울 정도로 나를 괴롭혔다. 오뉴월 아주 더운 여름 날씨에도 한기가 돌고 추워서 이불을 겹겹이 덮어야 했다. 피부에 바람이 와 닿으면 매서운 겨울바람이 닿는 것처럼 싸늘해졌다. 또 반대로 몸에 열이 나기 시작하면 땀으로 온몸이 범벅이 되었다. 누워 있던 요가 젖을 정도였다. 몸이 기후 변화에 적응을 잘 하지 못했다. 면역 체계가 무너져서 그런 현상이 일어나는 것이라고 말했다.

그러다 아프기 시작하면 정말 감당할 수 없을 정도로 뼈 마디마디가 쑤시고 뼛속 구석구석을 바늘로 찌르는 것 같았다. 팔과 다리 관절은 물론이고 얼굴에 있는 광대뼈며 귓속까지 아파왔다. 나중에는 뼈 마디마디가 다 곪고 뼈들이 제자리에 있지 않고 서로 어긋나면서 오그라들고 꼬부라지면서 통증이 심하게 왔다.

너무 고통스럽다 보니 누가 말하기를 "호랑이가 생살을

뜯어 먹는 아픈 병"이라고 표현했다. 이렇게 아프게 사느니 차라리 죽는 것이 더 낫지 않을까 하는 생각이 들 정도였다.

어느 날 혈관주사를 놓아야 하는데 온몸이 꼬이고 뒤틀린 상태라서 혈관이 보이지 않아 간호사가 발에 주사를 놓았다. 그 주사약이 들어가더니 온몸에 땀띠 같은 것이 빨갛게 일어나기 시작하고, 그것 때문에 얼마나 몸이 가려운지 견딜 수가 없었다.

너무 가려워서 옥수수를 먹고 그 속에 있는 것을 말려서 대공을 대나무에 끼워 가려운 곳을 마구 긁어댔다. 그렇게 하루 종일 온몸을 긁고 나면 긁은 곳에서 피가 났다. 피가 난 상처에 딱지가 생기면 또 가려워서 긁어대는 현상이 반복되었다.

성경에 욥이 악창이 나서 가려워 기왓장으로 긁었다고 했는데 바로 이런 고통이었구나 생각했다. 나중에는 가려워서 긁었던 곳이 하얗게 일어나는데 그것이 비듬처럼 되어 떨어져 목욕탕의 하수구를 메울 정도였다. 그리고 가만히 누워만 있어도 그 비듬 가루 같은 것이 요 위에 싸라기

같이 하얗게 떨어졌다. 정말 내가 앓은 류마티스는 사람을 혹사시키는 무서운 병이었다.

하루는 교회의 임 집사라는 사람이 중국에 선교여행을 갔다가 배를 타고 왔는데 그때 만난 사람들에게 우리 교회 자랑을 하였다. 그리고 한국에 오면 꼭 한번 들르라고 하였다. 그때 배에서 만난 중국 사람이 보내서 왔다고 하면서 네 명의 중국 사람들이 우리 교회에 찾아왔다. 몸이 병들어 아파 누워 있는 처지에 누구를 대접할 형편이 아니었다. 우리 교회가 그 사람들을 감당하지 못할 것 같아서 전도사님에게 다른 교회로 보내라고 하였다. 유 전도사님이 그렇게 전하려고 내려가는 중인데 갑자기 주님께서 내 안에서 이렇게 말씀하셨다.

"네가 민족기도원을 하는 사람이 맞느냐? 그들이 누군 줄 알고 돌려보내려고 하느냐?"

내가 "그 사람들이 누군지 제가 알 턱이 있습니까?"라고 했더니 주님께서는 "그 사람들이 독립운동가의 후손들이다"라고 하시면서 "네가 거두지 않으면 누가 거두어 주겠느냐"고 하셨다. 급하게 벨을 눌러서 본당으로 내려가고 있는 전도사님을 다시 올라오시라고 한 후 그들을 보내지 말고 우리가 잘 거두어야 한다고 말씀드렸다.

그리고 나서 그 사람들에 대해서 자세히 알아보니 정말로 다 독립운동가의 후손들이었다. 두 사람은 목사님 자녀이고, 다른 두 사람은 장로님 자녀인데 부모님들이 한국에서 독립운동을 하다가 중국으로 피신을 가서 살게 된 사람들이었다.

그들의 사연을 듣고 있자니 눈물이 핑 돌았다. 비록 류마티스로 고통을 받고 있지만 그래도 이들을 돕고 보살피는 것이 하나님의 뜻이라면 순종해야 한다고 생각했다. 한국에서 일자리를 구해 보고 만약 당분간 취직할 데가 없으면 교회서 청소라도 하면서 같이 지내자고 하였다.

내가 아는 중소기업 사장들에게 전화를 해서 그 사람들의 일자리를 부탁했다. 고맙게도 사장들이 그들을 한국인 노동자와 같은 대우로 쓰겠다고 하였다. 그 사람들이 번 돈은 모두 적금을 들어 목돈을 만들게 하였다. 3년간 우리 교회에서 숙식을 제공해 주었다. 그들 중 신앙이 좋은 분은 3년간 번 돈으로 중국에 가서 교회를 개척하고 집을 사기도 하였다.

그들이 중국으로 들어갈 때에 교회에서 광고를 하여 입지 않은 새옷들을 모았다. 그 당시만 해도 중국에는 의류가 부족하고 품질이 좋지 않아서 한국 제품을 선호하였다. 교인들이 가져온 옷가지와 다양한 물건들을 그들이 중국에 입국할 때 가져가도록 해주었다.

아픈 중에도 하나님께서 일을 시키시니 아무 소리 못하고 순종하였다. 몸이 피곤하고 아프면서도 무슨 정신으로 버텼는지 모르겠다. 지내 놓고 보니 그것도 하나님의 은혜였다. 사도 바울이 사탄의 가시인 육신의 질병으로 세 번이나 병 낫기를 기도하였으나 하나님은 "내 은혜가 네게 족하다" 하면서 병을 고쳐주시지 않았다. 그는 약한 중에도 늘 기도하면서 하나님의 복음을 세상에 전하였다.

하나님의 은혜를 특별히 많이 받은 자는 때로 하나님이 교만하지 못하도록 낮추시는 것 같았다. 병 낫기를 위하여 무수히 기도하면서 매달렸지만 주님은 주무시는 것처럼 아무 응답이 없었다. 그럼에도 불구하고 늘 마음속에 아파 죽더라도 우리나라를 위하여 '민족기도원'은 세우고 죽으리라 결심하였다.

그런데 하루는 하나님께서 회개의 영을 부어주셨다. 내가 어릴 때부터 자라면서 지었던 죄에 대하여 회개하기 시작하였다. 그렇게 회개를 하려고 해도 안 되더니 그날은 아파 누워 있는 상태에서 입으로 중얼거리며 기도가 터져나왔다.

"하나님! 저는 도둑년이올시다. 내가 어려서 아무 것도 모르고 그냥 불쌍한 친구들을 도와주려고 문방구에서 연필을 훔쳐다 주었습니다. 그리고 공장에 있을 때에 광목도 훔쳐다 팔아먹었습니다."

어린 시절부터 지금까지 내가 살아오면서 은밀하게 지은 죄들을 입으로 줄줄 시인하였다. 과거사를 이야기하듯이 누운 채 기도가 터져나왔다.

"하나님! 제가 시장이라도 마음 놓고 다닐 수 있도록 건강을 회복시켜 주십시오. 저를 살려만 주시면 나라를 위하여 기도하는 민족기도원을 세우겠습니다."

간절히 기도하고 있는데 벽에 걸린 달력에 예수님의 환상이 나타나 말씀하셨다. "이제 내가 너를 새롭게 하리라"고 뚜렷한 음성으로 말씀하시고는 환영이 사라졌다.

병원에서 퇴원한 후에 류마티스 병으로 집에서 2년 넘게 누워 있었는데 하나님의 치유의 은혜로 병에서 놓임 받게 되었다. 중국 사람들이 우리 교회에 와서 섬길 때부터 병에 차도가 있기 시작했다.

한 번만이라도 성전에 나가서 찬양을 해야겠다는 생각을 하고 두 다리로 걸어보려고 하였으나 여의치 않았다. 각대를 두르고 성도 한 분이 나를 업고 본당으로 내려갔다. 50여 명의 성도들이 예배를 드리고 있었다. 평소에는 휠체어에 앉아서 찬송을 불렀는데, 그날은 아예 휠체어를 뒤에 두고 30분 동안이나 서서 찬양을 하였다. 치유의 기적이 나타나기 시작하였고 찬송을 부르는 내 눈에서는 뜨거운 눈물이 줄줄 흘러내렸다.

그날 예배는 모두 울음바다가 되었다. 그리고 그 다음

주일에는 다리에 각대를 채우지 않고도 나가서 찬양을 할 수 있을 것 같다는 생각이 들어 그냥 성전으로 내려갔다. 내가 병에서 낫게 되었다는 소식을 듣고 그날은 성도 100명 이상이 참석하였다.

  차츰 차도가 있어 일곱 번째 주일에는 짚고 다니던 지팡이까지 집어 던지고 내려가서 찬양을 하게 되었다. 할렐루야! 오직 하나님의 은혜였다.

천보산민족기도원의 길이 열리다

하나님의 기적으로 류마티스 질병에서 일어나게 되니 먼저 민족기도원을 시작해야겠다는 급한 마음이 들었다. 하나님께 서약하고 결심한 일을 더이상 미루어서는 안 되겠다고 마음먹고 기도원 부지를 보러 다녔다.

성남에 땅이 있어서 기도원 하기에 알맞은지 알아보기 위해 그 동네에 방을 얻어 거기서 유 원장님과 밥을 해먹으면서 40일 작정기도를 하였다. 그런데 원장님이 기도하시다가 성남은 기도원 자리가 아니라고 하였다. "여기는 산업도로 근처이기 때문에 차가 많이 다니니 너무 시끄러워서 안 되겠다"고 하였다. 나도 기도해 보니 주님께서 "여기는 깊은 기도가 안 된다"고 말씀하셨다.

그렇게 둘이 똑같이 응답을 받고 다른 곳을 찾기로 하였다. 천안에도 땅이 있었는데 그 땅은 내 명의로 되어 있지 않아서 어려울 것 같았다. 강원도 철원이며 춘천 등 전국을 물색하며 칠 년을 기도하였다. 그런데 칠 년째 되는 날 저녁에 기도를 하는데 "성령님께서 뭐하러 그렇게 멀리 다니느냐"고 하시며 "서울 인근에 내가 마련한 곳이 있다"고 말씀하셨다. 그래서 나는 주님께 "돈이 있어야 서울 근교를 찾아보지 않겠습니까? 누구한테 돈을 달라고 하기도 어렵습니다"라고 혼자 중얼거렸다.

그 해 송구영신 예배 시간에 헌금을 내면서 봉투에 기도 제목을 썼는데 "금년에는 꼭 기도원 할 곳을 찾게 해 주소서"라고 하였다. 그렇게 헌금 봉투에 소원을 써서 내고 기도를 하는데 눈에서 눈물이 왈칵 쏟아졌다. 그런데 그날 나와 똑같은 기도 제목으로 소원을 써낸 사람이 열한 명이 더 있었다. 그들은 "하나님, 우 권사님이 기도원을 할 수 있도록 해주세요"라고 소원을 써냈다.

깊이 기도를 하는데 환상이 보였다. 은은하게 빛나는 진주 구슬 한 말 정도가 내 무릎 앞에 쏟아졌다. 그런데 그 쏟아지는 진주 구슬이 실에 꿰인 것도 있고 안 꿰인 것도 있었는데, 낱알 진주가 더 많았다.

이것이 무슨 의미일까 생각을 하니 구슬이 실에 꿰인 것은 여기 신당동에서 은혜를 받은 사람들이고, 실에 꿰이지 않은 구슬들은 앞으로 함께 동참할 사람들이었다. 장차 미래의 기도원에 올 자가 훨씬 많다는 것을 예시해 준 것이다.

전능하신 하나님께서 부족한 자들을 통하여 민족기도원이라는 큰 사역을 성취하실 것이라는 믿음이 생겼다.

> "여호와는 죽이기도 하시고 살리기도 하시며
> 스올에 내리게도 하시고 거기에서 올리기도 하시는도다
> 여호와는 가난하게도 하시고 부하게도 하시며
> 낮추기도 하시고 높이기도 하시는도다
> 가난한 자를 진토에서 일으키시며
> 빈궁한 자를 거름더미에서 올리사

> 귀족들과 함께 앉게 하시며
> 영광의 자리를 차지하게 하시는도다
> 땅의 기둥들은 여호와의 것이라
> 여호와께서 세계를 그것들 위에 세우셨도다"(삼상 2:6-8).

하나님은 류마티스에 걸려 잘 걷지도 못하는 사람을 살리시고 부족한 자들을 통하여 나라를 위해 기도하는 '민족기도원'을 세우게 하셨다. 가진 것도 별로 없었지만 주님께서 거룩하고 조용한 장소까지 준비해 놓으셨다. 오랜 숙원이 점차 현실로 다가왔다.

믿음은 바라는 것들의 실상이라 하지 않았던가? 성도들이 소원하며 함께 기도했더니 하나님께서 민족기도원의 길을 열어주셨다.

29 앞날을 알려주는 예지몽

천보산민족기도원 사역을 시작하기 전에 잠을 자다가 꿈을 꾸었다. 하나님은 민족기도원 청지기로 나를 사용하실 계획이었는데, 꿈으로 예지하셨다.

꿈에 내가 버스 정거장에 서 있었다. 버스를 타려고 알아보니 세 시간을 기다려야 한다고 하였다. 시간이 많이 남았기에 주변에 무엇이 있는지 돌아보기로 했다. 아주 아름다운 동산인데 지금의 천보산기도원 입구였다.

커다란 감나무에 주홍빛 감이 탐스럽게 주렁주렁 열려 있었다. 썩은 것은 하나도 없고 매우 먹음직스러운 상품의

감이었다. 그 감나무의 둘레는 몇 사람이 손을 잡아야 할 만큼 매우 컸으며 높이는 하늘에 닿을 정도였다. 나는 꿈 속에서도 그 감나무가 마음에 들어 감탄하였다.

"아, 저렇게 좋은 감나무가 있구나. 저 붉고 탐스럽게 익은 많은 열매들을 보라!"

어떤 젊은 남자가 그 감나무를 보살피고 있었다. 가까이 다가가 남자에게 물었다.

"이 감나무가 아주 좋은데 살 수 있는지요?"

그러자 그가 "아무리 좋아 보여도 이 나무는 사고팔 수 있는 것이 아닙니다"라고 하였다. 내가 다시 물었다.

"그럼 어떻게 하면 이 나무를 가질 수 있나요?"

"이 동산의 감나무는 아무리 좋아도 사든지 팔든지 할 수 없으며 오직 관리만 할 수 있습니다."

나중에 이곳에 기도원 부지를 사려고 와 보니 꿈에 본 것과 같이 그 입구에 큰 감나무들이 즐비하였다. 하나님께서 기다리게 하시고 천보산민족기도원의 부지를 우리에게 주셨다. 상품 가치가 있는 잘 익은 감들은 이곳에 와서 은혜 받을 성도들의 모습을 뜻하고, 팔 수도 살 수도 없다는 말은 하나님의 기도원은 그 누구의 소유도 될 수 없는 하나님의 것으로 우리는 단지 청지기에 불과하다는 것을 예시하신 것이다.

또 한번은 바닷가의 백사장에 큰 군함이 대기하고 있는 꿈을 꾸었다. 흰옷을 입은 사람이 출입구에서 배를 타려고 사람들을 살피고 있었다. 승선할 자들이 백사장에 줄을 지어 서 있었다. 그 중에 나도 승선하려고 대기하고 있었다.

그런데 특이한 점은 그 배에 타려고 하는 모든 사람들이 등에 십자가를 지고 있었다. 어떤 사람은 작은 십자가를 메고 있었고, 또 다른 사람은 아주 큰 십자가를 메고 있었다. 그런데 작은 십자가를 메고 온 사람들은 배 입구에서 승선을 거절당했다. 배에 오르지 못한 사람들은 쓸쓸히 뒤돌아 갔다.

줄에 서 있던 나도 내 등에 지고 있는 십자가의 크기가 궁금하여 뒤돌아 보았더니 나무젓가락처럼 너무나 작고 볼품이 없는 것이었다. 내 차례가 왔을 때 거절당할 것이

안 봐도 뻔했다.

나는 얼른 큰 십자가를 지고 와야겠다는 생각이 들어 급하게 대열에서 빠져나와 곁에 있는 사람에게 어디로 가야 큰 십자가를 가져올 수 있는지 물었다. 그가 한 쪽 방향을 가리키며 그 동산에 가면 십자가가 있다고 했다.

그가 가르쳐준 동산으로 급하게 뛰어갔더니 정말 크기가 다른 각양각색의 십자가가 산더미처럼 쌓여 있었다. 나는 한참을 고르고 또 골라서 그 중에 제일 큰 십자가를 찾았다. 저만하면 승선하는 데는 문제가 없을 것 같았다.

칭찬받을 욕심에 엄청나게 큰 십자가를 택하였다. 막상 지고 가려니 너무 크고 무거워 꿈쩍도 하지 않았다. 전봇대만큼이나 커 보였다. 혼자서는 도저히 메고 갈 수가 없는 것이었다. 그래도 그것을 짊어지려고 혼자서 낑낑거리고 있으니까 어디서 나타났는지 사람들이 몰려 와서 함께 들어주겠다는 것이었다.

여러 사람들이 협력하여 큰 십자가를 겨우 군함의 입구까지 가져올 수 있었다. 그러자 출입구에 서 있는 사람이 흔쾌히 승선을 허락해 주었다.

천보산민족기도원 사역은 큰 십자가이다. 도무지 혼자서 감당하지 못할 줄을 아시고 주님은 여러 돕는 자들을 붙여 주셨다. 이 두 가지의 꿈이 바로 천보산기도원의 청지기로서 살아가야 하는 내 앞날을 예지해 준 꿈이었다.

30 천보산민족기도원 터를 주시다

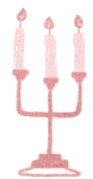

칠 년 동안 새 기도원 부지를 위하여 기도하는 중에 하나님의 때가 되었다. 돈이 부족하여 철원이나 춘천까지도 알아보았지만 하나님은 서울 인접한 곳을 주셨다. 태릉 전철역에서 얼마 떨어지지 않은 남양주시의 천보산 기슭이었다.

하루는 장애인 사역을 하는 소망원교회 목사님이 천보산 쪽에 기도하기 좋은 곳이 있으니 와 보라고 하였다. 원래는 장애인 사역을 하려고 들어오기로 했던 곳인데 주변 이웃들의 반대도 있고, 불암사 곁이라 무당들이 치성을 드린다고 매일 밤마다 굿하는 소리 때문에 도저히 편하게 잠을 잘 수가 없다는 것이었다. 나는 그분에게 '그러면 그 시끄러운 곳에서 조용히 기도가 되겠느냐'고 하였더니, "권사님이 오셔서 뜨겁게 통성기도를 시키면 무당이고 점쟁이고 다 놀라서 도망을 치지 않겠습니까?"라고 하였다.

서울 근교이고 산 속이라 기도원 자리로는 괜찮을 것 같아서 현장으로 가 보았다. 과연 꿈에서 보았던 큰 감나무들이 심어져 있었고 맑은 물이 흐르는 계곡과 숲이 절경을 이루었다. 숲 속에는 작은 유스호스텔이 지어져 있었고 허름한 집들이 몇 채 보였다. 그중 하나가 오랫동안 비어 있었는데, 유스호스텔 원장에게 그 집을 우리에게 빌려 달라고 말했다. 유스호스텔을 비롯한 그 산의 주인은 따로 있었다.

나는 교통도 괜찮고 경치가 좋은 그곳에 기도원을 세우기로 하고 땅 주인에게 천만 원을 보증금으로 주고 들어가기로 했다. 하도 집이 낡아서 수리하는 데만 1300만 원이 더 들어갔다. 시작은 미약하였지만 하나님은 그 넓고 아름다운 곳을 우리에게 주려고 그 장소를 택해 주셨다.

기도원이 천보산으로 이사 온 지 한 달쯤 지나자 무당들이 밤마다 꽹과리와 북을 치며 굿을 하던 소리는 사라졌다. 하나님이 무당들을 다 쫓아 보내신 것 같았다. 남은 사람은 우리 기도원 위에 사는 늙은 도사 한 사람뿐이었다.

얼마 지나지 않아서 유스호스텔 박 원장의 장남이 그곳이 전부 경매로 넘어가게 생겼다고 말했다. 경매를 지연시키려면 돈이 필요하다고 하면서 나에게 3000만 원을 빌려 달라고 하였다. 사실 경매로 넘어가면 나도 2300만 원을 받을 수 없었다. 그래서 문제 있는 건물이었지만 유스호스텔을 근저당 설정하고 그에게 돈을 빌려 주었다. 혹시 경매로 넘어가더라도 그 건물을 사면 되겠다는 심산에서였다.

유스호스텔 건물도 명의가 일곱 사람 앞으로 되어 있고, 또 맹지인 까닭에 경매로 넘어가도 섣불리 낙찰되기도 어려웠다. 결국 경매 물건으로 넘어가게 되었는데 경매 감정 가격이 16억이었다. 그러나 1차, 2차에도 유찰이 되어 낙찰가가 7억 2천만 원까지 떨어졌다.

가격이 반 이상 떨어졌으니 이제 누군가 서둘러 사려고

할 것 같았다. 경매 전문가가 필요했다. 신당동 기도원에 자주 기도하러 오시고 은혜를 많이 받은 분이 있었는데, 그가 검찰청 서기로 있었기에 경매건에 대해 좀 알아봐 달라고 부탁하였다.

그는 알아본 후 말하기를 어느 절의 주지가 그것을 사려고 한다는 것이었다. 그래서 평소 알고 지내던 경찰직에 있었던 분을 찾아갔다. "내가 나서면 그 절의 주지와 경쟁이 되어 낙찰받기가 쉽지 않으니 아예 나 대신에 입찰을 받아 주세요"라고 부탁하였다. 그는 흔쾌히 "우 권사님이 우리나라와 민족을 위하여 기도원을 세우고자 하시는데, 내가 하루 휴가를 내서라도 도와드리겠습니다"라고 허락하였다. 한 사람이 더 있으면 유리하다고 해서, 검찰청의 서기로 있는 그 사람도 함께 입찰 현장에 가기로 했다.

다음날 새벽에 만나 인감과 위임장, 그리고 경매 낙찰을 받을 경우에 낙찰가 10%에 해당되는 돈 6000만 원까지 준비해서 주었다. 나는 도와주시는 분들에게 기도원을 세우는 일인 만큼 혹시 사탄이 방해할지도 모르니 만반의 준비를 다해 가라고 말했다.

나는 그 절의 주지가 경쟁상대가 되지 않도록 하나님께 밤새 기도하였다. "그 중이 경매 장소에 오지 못하게 하시고, 오더라도 차가 막혀 도착하지 못하도록 해 주소서"라고 기도하였다. 기도대로 그 주지는 입찰에 참가하지 않았다. 얼마를 쓰면 좋겠는지 나에게 물었다. 나는 "두 분이 기도하고 알아서 쓰라"고 하였고, 두 사람이 기도해 보더니 5억 6천만 원이면 되겠다고 하여 그 금액을 기록하였다.

오전 10시에 경매가 시작되었는데, 우리 물건은 몇 번 유찰이 되어 일찍 나올 줄 알았는데 아무리 기다려도 소식이 없었다. 오후 2시가 넘어도 나오지 않아서 사람들은 다 빠져 나가고 몇 명만 남아 있었다. 그때까지 우리 것이 나오지 않을 리가 없다는 생각이 들어서 경매 담당자에게 찾아가 번호를 보이며 왜 이때까지 소식이 없느냐고 물었더니, 그 번호는 벌써 나갔다고 했다.

"무슨 말이냐? 우리가 화장실에도 가지 않고 종일 지켜보고 있었는데 그럴 리가 없다"고 따졌다. 경매 담당자는 다시 서류를 찾는 척하면서 그런 서류가 남아 있지 않다고 했다. 그 담당자의 행동이 수상하다고 생각하고, 가져갔던 신분증을 보여 주면서 합법적으로 하지 않으면 조사할 것이라고 엄포를 놓았다.

그는 당황하는 기색이 역력하더니 책상 서랍 속에서 서류를 다시 꺼내서 경매 입찰한 사람의 명부를 보여 주었다. 그 명부에는 총 여섯 사람이 입찰 신청을 하였는데, 우리가 쓴 입찰 가격이 거기에 있는 명부에서 가장 많은 액수로 기록되어 있었다. 다른 사람들보다 500만 원을 더 쓴 것이다. 이렇게 하여 가장 높은 경매가를 쓴 우리가 합법적으로 낙찰을 받게 되었다. 법정 감정가격 16억의 땅과 건물을 5억 6000만 원에 사게 되었다.

우리는 너무 기쁘고 감격스러워 덩실덩실 춤을 추며 하나님께 영광을 돌렸다. 하나님께서 전적으로 역사하셔서 새 기도원 부지를 허락해 주신 것이다. 나를 도와준 그분은 평소에 꿈을 잘 꾸지 않는데 어젯밤 너무 기억이 생생한 이상한 꿈을 꾸었다면서 이렇게 말했다.

꿈에 자기가 소에 올라타 고삐를 잡고 앉아 있는데 사람들에게 둘러싸여 있었다고 했다. 무리들이 "저 사람이 소는 탔지만 자기 소는 아니며, 그 소는 우리 모두의 것이다"라고 말했다고 한다. 그러면서 신통하게도 유스호스텔이 기도원으로 낙찰되었다고 좋아하였다. 이렇게 살아서 역사하시는 전능하신 하나님은 민족기도원을 세우도록 여러 사람들의 지혜를 동원하셔서 기도원 터를 매입하게 하셨다.

입찰은 받았지만 이곳에 기도원 건물을 지으려고 하니 기존 건물 철거에 따른 쓰레기가 너무 많았다. 트럭으로 수십 대 분의 쓰레기를 치워야 했다. 그리고 아직 늙은 도사는 나가지 않고 버티고 있는데 아마도 돈을 요구하는 것 같았다.

기도원 건축에 자금이 모자라서 3억을 더 추가하여 마을금고에서 대출을 받았다. 그래도 3천만 원이 모자랐는데, 경매한 곳에서 연락이 와서 3천만 원을 찾아가라고 하였다. 하나님은 기도원 부지를 매입할 때부터 돈이 필요한 만큼 때를 맞추어 공급해 주셨다. '여호와 이레'의 하나님께서 딱 맞게 다 준비해 놓으셨다는 것을 깨달았다. 하나님의 일을 하나님께서 책임지고 진행해 주셨다. 매 순간마다 도우시는 하나님의 손길이 놀라울 따름이었다.

건축 허가를 받아야 하는데 그린벨트 지역이라 까다로웠다. 그러나 하나님의 은혜로 1994년 2월 기존에 있던 유스호스텔을 철거하고 2층 건물 연건평 200평의 기도원을 짓게 되었다.

한편 경매 받은 후에도 나가지 않고 있던 노인 도사를 불러서 우리가 돈을 조금 해줄 테니 나가 달라고 요청하였다. 그러나 한 달이 지나도 합의가 되지 않았고 공사는 계속 진행되었다. 건축 공사로 인하여 전기며 수도도 임시적으로 끊어졌다.

어느 날 내가 팔각정에서 콩을 까고 있는데 그 도사가 하얀 두루마기를 입고 비가 와서 땅이 질퍽거리는데도 나를 찾아왔다. 런닝 바람에다 몸빼 차림으로 앉아 콩을 까고 있는데, 그 도사가 나를 보고 걸어오다가 갑자기 멈추면서 땅에 엎드려서 벌벌 떠는 것이었다. 여러 번 전화가 왔으므로 그가 찾아올 것이라고 예상은 하고 있었다. 그런데 웬일인지 내 앞에 엎드려 벌벌 떨고 있는 것이 이상했다. 그가 이렇게 말했다.

"아이고! 제가 큰 실수를 할 뻔했습니다. 큰 신 모신 분을 제가 잘 알아뵙지 못해서 죄송합니다."

뜬금없는 말에 나는 마귀의 종의 소리에 귀를 기울일 필요가 없다고 생각하고, 며칠만 기다리면 다시 전기와 수도가 해결될 것이니 걱정 말고 돌아가라고 말했다.

"아닙니다. 여기가 불암산이 아니라 하늘 '천'에 보배 '보' 천보산입니다! 소인이 70 평생 도를 닦은 사람입니다. 저는 결혼도 안 한 사람입니다. 이 산이 조선팔도에서 제일 명산입니다. 영안이 열렸을 때, 이 산을 보면 천사들이 아주 많이 보였습니다. 이제 큰 신을 모신 분이 왔으니 큰일을 할 것입니다. 나라와 민족을 위해서 큰일을 하시길 바랍니다."

말을 시키지도 않았는데 혼자서 주절주절 뱉어냈다. 그가 물러가겠다고 하면서 엎드렸다가 일어나는데 하얀 두루마기가 온통 진흙 범벅이 되어 있었다. 내 앞에서 물러가는 모습이 마치 신하가 임금 앞에서 뒷걸음질 치면서 물러나는 사극의 한 장면과 같았다. 도대체 몸뻬 입고 콩을

까고 앉아 있는 평범하기 짝이 없는 늙은 여자에게서 무엇을 본 것인가. 아마 하나님께서 그에게 두려운 마음을 주신 것 같았다.

다음날 그 도사가 우리 주방 아주머니에게 "그 머리 하얀 아주머니가 이곳을 산 주인입니까?"라고 물어서 "네, 맞아요. 주인이 후한 사람이니 돈을 좀 달라고 요구하면 줄 거예요"라고 말했다고 한다. 그랬더니 그 도사가 손사래를 치면서 "아이고, 이 사람아! 그 돈을 받으면 큰일 나네!"라고 말했다는 것이다. 그리고는 삼 일 후에 짐을 전부 싸 가지고 그곳을 영영 떠나버렸다. 하나님께서 거룩한 기도원이 서도록 관계없는 자들을 모두 정리해 주셨다.

후에 그 도사가 살던 곳에 강사 숙소를 만들었는데, 가끔 강사들 중에서는 무언가 하얀 것이 계속 왔다갔다해서 한숨도 못 잤다는 분도 있고, 잠이 오지 않아 자동차에서 잤다는 분도 있었다. 총신대에서 오신 강사 목사님에게 과거의 사연을 말했더니 "귀신을 섬기던 사람이 살아서 그렇군요. 그래도 그 사람이 도사라서 권사님을 제대로 알아본 것이지요"라고 하였다.

하나님은 불암산 무당 골짜기의 귀신 섬기던 자들을 다 쫓아내시고 거룩하고 복된 민족기도원이 건축되도록 하셨다. 이제는 불교적인 이름의 불암산이 '하늘의 보배'를 뜻하는 이 산의 원래 이름 천보산으로 불려지길 바란다.

2005년도에 신관 예배실 500평을 3층으로 지었고, 숙소 동은 200평 3층으로 건축하였다. 모두 하나님의 은혜이다. 하나님은 미리 앞서 계획하시고 모든 것들을 다 준비해 놓으셨다. 어찌 그 은혜를 만입이 있다 한들 다 말할 수가 있겠는가.

31 오병이어의 기적

건물을 계속 짓다 보니 빚을 많이 지게 되었는데 건축 재료비며 인건비며 누구 하나 책임지는 사람이 없었다. 내가 감당해야 하는 몫이었다. 그 빚이 모두 4억이 넘었다. 노트 한 권에 빚에 대한 내용을 모두 기록해 놓았다. 그때는 강사도 섭외하지 않고 유 원장님과 내가 번갈아 가면서 찬양하고 설교를 하고 있을 때였다.

하루는 내가 설교를 할 차례가 되어서 집에서 설교 노트를 가지고 나왔는데 강대상에 올라가서 설교를 하려고 노트를 펼쳐 보니 설교 노트가 아니고 빚 목록을 적어 놓은 노트였다. 거기에는 누구에게 얼마를 빌리고, 누구에게는 이자를 얼마 주었다는 그런 내용만 적혀 있었다.

당황스럽고 어이가 없었다. 너무 건축 자금에 신경을 쓰다 보니 그만 큰 실수를 하고 만 것이다. 이미 설교를 하려고 강단에 올라왔으니 다시 내려갈 수도 없고 해서 사람들 앞에 솔직하게 다 털어놓았다. 내가 여차여차해서 기도원을 짓다가 이렇게 빚을 많이 지게 되었는데 딱히 갚을 길이 없다고 고백하였다.

강단에 서서 "오늘 이렇게 나와서 설교할 자격도 없고, 이 기도원을 운영할 자격도 없는 사람이…"라고 말을 하는데 갑자기 울컥하며 두 눈에서 주체할 수 없는 눈물이 마구 쏟아졌다. 너무 감정이 복받쳐서 "오늘은 미안하지만 내가 설교를 하지 못할 것 같습니다"라고 말하고 설교 대신에 찬양만 하겠다고 하였다.

그런데 참 놀라운 일이 벌어졌다. 그 이야기를 듣고 그날 저녁에 거기에 온 사람들이 전부 건축헌금을 하겠다고 작정을 했는데 헌금이 무려 4억 2천만 원이었다. 놀랍게도 그 금액은 기도원 빚 노트에 기록된 액수와 정확히 일치하였다. 그날은 다른 때에 비하여 교인들이 많이 올라온 것도 아니었다. 한 150여 명이 왔는데, 그들이 그렇게 많은 액수의 기도원 건축헌금을 한 것이었다.

나 혼자 고민하는 것을 보신 하나님께서 기도하는 성도들의 마음을 감동시켜서 기도원 건축 빚을 갚게 하셨다. 이것이야말로 오병이어의 기적이 아닌가!

첫 건물을 지을 때, 헌금을 작정한 사람들 중의 한 사람이 눈이 소복이 내리는 새벽녘인데 천보산에 올라왔다. 왜 새벽같이 왔느냐고 물으니, 하나님이 돈을 갖다 주라고 하셔서 일찍 왔다고 했다. 그리고 1억은 부흥사 연수원 동창인 김기석 목사님이 헌금하였는데, 기도를 하다가 우 권사가 기도원을 지으려면 돈이 필요하겠다는 생각이 들어서 가져왔다고 했다.

나의 무거운 짐을 해결해 주신 참으로 좋으신 하나님께 어찌 감사와 찬양을 드리지 않을 수 있겠는가? 온 마음과 정성을 다해 하나님을 찬양하고 경배할 수밖에 없었다.

하나님은 헌금에 대해서 계산이 정확하시다. 내가 얼마

나 필요한지 아시고 그대로 채워주셨다. 여기가 그때는 비포장도로여서 비가 오면 지금의 기도원 입구 다리에 물이 고여 건널 수가 없었다. 그래서 콘크리트 작업을 해야겠다는 생각을 하고 철근을 사서 엮어 놓았는데 레미콘 회사에서 파업을 하는 바람에 작업을 더 진행시키지 못하고 있었다. 철근으로만 엮어 놓아서 계곡을 건너기가 매우 위험하였다. 그리고 자금도 부족했다. 너무 속이 상하여 그날 저녁에 하나님께 기도했다.

"하나님, 나는 이것을 도저히 못하겠으니 다른 사람이 할 수 있으면 하게 해 주세요."

그런데 다음날 아침에 어떤 사람이 '우 권사가 이런 일 때문에 고생을 한다'는 소식을 듣고 아침 일찍이 300만 원을 마련해서 가져왔다. 그런데 그 금액이 꼭 레미콘 가격이었다.

류마티스를 앓고 있을 때였는데 건축을 위하여 매일 몸빼를 입고 리어카를 밀고 다니면서 일을 하노라면 저녁때는 온몸이 쑤시고 아파서 눈물을 흘리며 기도할 수밖에 없었다.

그 해를 넘기지 않고 마침내 첫 건물을 완공하여 감격스러운 예배를 드렸다. 숙소동은 한남동에 있는 건물을 매각하여 지었다. 내 모든 것 주님께 다 드려도 아깝지 않았다. 주님께서는 여러 사람들의 마음을 감동케 하시고 돕게 하셔서 무사히 기도원을 건축할 수 있게 해주셨다. 이 모든 것이 다 하나님의 은혜이다.

32 영혼과 육신을 살리는 기도원

기도원 초창기에 지금의 카페 자리가 빈 공터였다. 누가 닭을 한번 키워 보라고 해서 그 공터에 병아리 80마리를 사다 키웠는데, 그 병아리들이 까치 크기만큼 자랐을 때였다. 작은 닭들이 무슨 병이 들었는지 알 수는 없었지만 날마다 몇 마리씩 죽게 되면서 결국 40마리밖에 남지 않았다. 모이를 주고 정성껏 키웠는데 아까웠다. 날개를 퍼득이며 이쁘게 자라주어 귀여웠는데 웬일인지 자꾸 시름시름 앓더니 죽어갔다.

어느 날 헙수룩하게 생긴 남자가 찾아와서 '저 병든 닭을 살리고 싶으면 내가 하라는 대로 하면 된다'고 자신 있게 말했다. 그래서 어떻게 하면 병든 닭을 살릴 수 있느냐고 물었다. 한편으로 무슨 재주로 병든 닭을 살릴까 궁금하기도 했다.

그는 수삼을 물에 끓여서 가져오라고 했다. 마침 수삼이 있어서 그가 시키는 대로 끓여서 갖다 주었다. 물이 식은 다음에 그가 그 끓인 수삼 물을 주사기에 넣고는 닭을 한 마리씩 붙잡아서 입에 넣어주었다.

그런데 정말 신통하게도 수삼 물을 먹은 닭들이 고개를 몇 번 흔들더니 파닥파닥 날갯짓을 하면서 살아나는 것이었다. 그렇게 해서 병들어 죽어가던 40마리가 모두 다 살아났다. 닭들이 파닥거리며 살아나는 광경이 하도 신기하고 놀라워서 넋을 잃고 쳐다보고 있었다.

그 남자에게 고맙다고 인사하려고 하니 그새 어디 갔는지 찾을 수가 없었다. 갑자기 사라져 참 이상하다고 생각하고 있는데, 공중에서 영음이 들렸다.

"병든 영혼도 이렇게 찬양을 하면 다 살아난다."

지금도 그때 나타난 사람이 천사인지, 아니면 주님께서

보낸 사람인지 궁금하다.

우리 천보산민족기도원에서는 그날 이후로 찬송을 통하여 치유의 역사가 많이 일어났다. 병든 닭이 수삼 물을 먹고 살아난 것처럼, 병들고 상처 입은 영혼들이 기도원에 와서 간절히 기도하고 찬송을 부를 때에 마음과 육신이 치유되는 역사가 많이 일어났다.

> "이 백성은 내가 나를 위하여 지었나니
> 나의 찬송을 부르게 하려 함이니라"(사 43:21).

유 원장님이 소천하시고 내가 기도원 원장직을 맡으면서 어려운 문제를 두고 기도하는 성도들이 수시로 상담과 기도를 요청해 온다. 그 동안 나는 하나님이 시키시는 대로 심부름만 하는 종이었다. 유 원장님처럼 신학을 전공하지도 않았고 목사님들처럼 부흥 설교를 할 줄도 모른다. 하나님이 나에게 주신 달란트는 오직 기도하는 것과 찬송을 부르는 것이다.

그래서 상담을 요청하는 이에게 어떤 예언보다도 목사님들을 통하여 주시는 말씀에 은혜를 받으라고 권면한다.

그리고 그들에게 꼭 필요한 요절 말씀을 알려주고 기도하면서 찬송을 계속 부르도록 숙제를 준다. 그 사람의 처지와 형편을 고려하여 주제 찬송을 주고 일주일씩 계속하여 찬송을 부르게 하는데, 참 감사하게도 말씀과 기도와 찬송을 통하여 그들이 하나님의 응답을 얻는다.

문제를 가진 성도들이 무슨 찬양을 해야 좋을까 생각하다가, 하나님께 무슨 찬송을 하게 하면 좋은지 여쭈어 보았다. 하나님은 영음을 들려주시고 찬송가 254장 '내 주의 보혈은' 찬송을 하면서 회개하면 영혼이 깨끗해지면서 회복이 된다고 하셨다.

♬ 내 주의 보혈은 정하고 정하다
   내 죄를 정케 하신 주 날 오라 하신다
   내가 주께로 지금 가오니
   십자가의 보혈로 날 씻어 주소서

   약하고 추해도 주께로 나가면
   힘 주시고 내 추함을 곧 씻어 주시네

내가 주께로 지금 가오니

십자가의 보혈로 날 씻어 주소서 (찬송가 254장 1, 2절)

  우리나라 전국에 있는 기도원 중 천보산기도원처럼 찬양 숙제를 주는 독특한 곳은 흔치 않을 것이다. 우리 기도원에 오는 사람들은 원하면 찬양 숙제를 내준다. 7일 동안 찬양을 통해서 회개한 후에 그가 제대로 회개하고 변화가 되었을 때 응답 받는 것을 보았다. 정말 회개를 바로 한 사람인지 어떻게 아느냐고 기도했더니, 주님께서는 사람의 눈과 얼굴이 마음의 거울이라고 말씀하셨다.

  우리 기도원에서는 어느 누가 와도 찬양 숙제를 해야 하고, 목사님들이나 평신도나 동일하게 기도 응답을 위해서는 일주일 동안 찬양 숙제를 해야 한다. 7일 동안 제대로 찬송의 은혜를 받아 회개가 된 후에는 다른 찬송을 주지만 그렇지 않으면 다시 그 찬송으로 재수를 해야 한다. 찬송 숙제는 마지못해 억지로 하면 안 되고 그 찬송에 감동하여 불러야 기도의 응답을 받게 된다.

"내가 노래로 하나님의 이름을 찬송하며
감사함으로 하나님을 위대하시다 하리니
이것이 소 곧 뿔과 굽이 있는 황소를 드림보다
여호와를 더욱 기쁘시게 함이 될 것이라"(시 69:30-31).

"또 여호와를 기뻐하라
그가 네 마음의 소원을 네게 이루어 주시리로다
네 길을 여호와께 맡기라
그를 의지하면 그가 이루시고
네 의를 빛같이 나타내시며
네 공의를 정오의 빛같이 하시리로다"(시 37:4-6).

찬송으로 숙제를 주다 보니 우리 기도원은 개인적 예언 상담이 아니고, 공동 상담이 된다. 물론 개인적으로 기도를 요청할 때도 있지만 될 수 있으면 하나님의 말씀과 기도와 찬송으로 응답을 받게 하고 성령님의 은혜를 받아 스스로 하나님의 뜻을 발견하게 한다.

유 원장님 살아 생전에 천보산민족기도원의 주제 찬송이 있으면 좋겠다고 말씀드렸더니 "이 기쁜 소식을" 찬송이 좋다고 응답하셨다고 했다. 그래서 우리 기도원 예배의 마지막에는 "이 기쁜 소식을" 찬송을 부른다.

하나님은 우리 마음의 중심을 보신다. 마음의 문이 열리는 것은 어떤 지식이나 능력으로도 되지 않고 회개하여 정결한 심령이 될 때에 영혼의 문이 열리고 영안이 열린다. 그러므로 찬송을 통하여 회개의 눈물을 흘리고 그 심령이 깨끗해진 다음에야 마음의 문이 열리게 되고, 하나님의 성령이 임재하신다.

하나님은 우리 기도원에 일용할 양식도 풍족하게 주신다. 한번은 기도원 식당에서 말하기를, 참기름 한 병을 이틀이면 다 소비한다고 하였다. 그리고는 늘 참기름 타령이었다. 그래서 하나님께 참기름을 좀 많이 달라고 기도하였다.

어떤 성도가 중국에 갈 때마다 참기름을 석유통만한 것에 한 통씩을 사와서 10통을 가지고 있는데, 별안간 외국에 출장을 가게 되어 이 많은 것을 어떻게 해야 하나 하고 기도하니, 성령께서 이 기도원에 갖다 주라고 했다고 하면서 참기름을 10통이나 가지고 온 적이 있다. 어떤 때는 참깨가 필요하다고 생각하면 어떤 이가 참깨를 한 가마니 보내기도 했다.

하루는 기도원에서 된장과 고추장을 담그려고 하니 항아리가 없어서 항아리를 사러 갔는데 항아리 하나에 10만 원이 넘었다. 너무 비싸서 사지 않았는데 기도원 식당에서 일하는 아주머니가 자기 삼촌 집에 쓰지 않는 항아리가 많이 있어서 가져왔다면서 빈 항아리를 두 차나 실어 왔다.

처음 기도원을 세울 때는 교통도 원만하지 않고 근처에 시장이나 야채가게가 없어 식재료 구하는 것이 힘들었다. 그런데 우리 기도원 사택 자리에 그 당시에 약수물이 솟아 나왔는데 박재덕이란 분이 저녁때가 되면 차를 가지고 와서 약수 여러 통을 떠 갔다. 그는 자기가 일하는 시장에서 전도하기 위하여 그 약수를 나누어 주었다. 그러면서 천보산기도원에서 나오는 좋은 약수 먹고 예수님 믿으라고 전도하였다. 매일 좋은 물을 얻어 먹은 그들이 기도원에 보답을 해야 한다면서 감자와 양파와 열무, 옥수수 등을 주어 우리 기도원에 가져왔다.

시장 한번 나가려면 여간 교통이 까다로운 것이 아니었는데, 주님은 우리의 필요한 양식을 쉽게 공급해 주셨다.

특히 경제적인 것 때문에 기도하는 성도들이 응답을 많이 받았는데, 그들이 하나님의 은혜에 감사하다며 의류 회사는 옷을 한 트럭 싣고 오기도 하고, 또 어떤 이는 쌀을 몇 가마 보내오기도 했다.

하나님은 우리의 영혼이 잘 됨 같이 범사가 형통하길 원하신다고 하였는데, 기도원 사역에 열중하니 찾아오는 영혼들이 회복되고 물질적으로 필요한 것을 풍족하게 채워 주셨다. 세밀하게 살피시고 시시때때로 입히시고 먹이시는 하나님의 은혜를 항상 체험하면서 살아간다.

그러나 사탄의 시험도 있다. 기도원을 세운 후에도 걸핏하면 불법이라고 누군가 신고를 하여 경찰서에 자주 불려 가곤 했다. 언젠가는 의정부에 있는 경기도청 감사과에 불려 가게 되었는데, 우리 기도원이 불법 건물이니 언제까지 철거할 것인지 각서를 쓰라고 하였다. 합법적으로 건축 허가를 받고 지은 것인데 사람들의 시기가 만만치 않았다. 나는 궁지에 몰려 또 하나님께 기도할 수밖에 없었다. 하나님께서 지혜를 주셨다.

"기도원은 하나님의 재산이니 원장이라고 해서 혼자 일방적으로 각서를 쓸 수 없다. 그러니 기도원에 가서 임원들과 상의해서 써 오겠다"라고 말하고 그냥 나온 적도 있었다.

하나님의 기도원 사역은 늘 영적인 싸움이다. 항상 깨어 기도하지 않으면 사탄이 우는 사자와 같이 우리를 삼키려고 한다. 하나님께서 눈동자와 같이 우리를 보호하시고 지키시지 않으면 이 사역을 감당할 수 없다.

언젠가 덩치 큰 어떤 여자가 기도하러 왔다. 예배는 참석하지 않고 그냥 누워만 있었다. 몸에 기운이 하나도 없고 가난에 찌든 모습이었다. 건강이 심각해 보였다. 추운 겨울이었는데 움직이지 않고 누워 있는 모습이 딱해 보였다. 몸이 추우면 병을 다스리기 어려우니 빗자루라도 들고 마당을 좀 쓸라고 하였다. 몸에 열이 나야 덜 춥다고 했다.

하도 기운이 없어 보여 한약이라도 한 첩 지어 주어야겠다고 생각했는데 그 여자가 기도원을 내려가고 없었다. 두 주쯤 지나서 다시 왔는데 얼굴이 밝아 보였다.

"어찌 된 일이야? 보약이라도 먹었어?"라고 물었더니 "권사님 기도 덕에 제가 보약을 스무 첩은 먹었을 거예요"라고 하였다. "어떻게 그렇게 많이 먹을 수 있었어?"라고 물었더니, 기도하고 내려간 후에 보약 달여 주는 건강원에 취직을 하게 되어, 그곳에서 남는 보약을 많이 먹었다고 했다. 약간의 돈도 벌고 건강도 좋아졌다고 하면서 여간 기뻐하는 것이 아니었다. 하나님은 기도하는 자에게 꼭 필요한 것을 챙겨 주신다.

한번은 캐나다에서 온 선교사라는 여자가 있었는데 그는 어깨 등뼈가 굳어지는 병을 앓고 있었다. 그 병을 고치기 위해서 3년 동안 병원을 다녔지만 고치지 못하고 이렇게 기도 받으러 찾아온 것이다.

내가 볼 때 기도한다고 별 효과가 없을 것 같다는 생각이 들어 찬송가 268장(죄에서 자유를 얻게 함은)을 숙제로 주면서 밤새도록 찬양하면서 팔을 돌리라고 했다. 그가 내 말을 듣고 밤새도록 그렇게 하였는데 하룻밤 사이에 움직이지 못하던 어깨의 등뼈가 다 깨끗이 나았다는 것이다.

하나님이 하시는 일에 내가 시키고도 내가 놀랐다. 그렇게 찬송 중에 하나님이 강하게 역사하셨다.

초창기에 구관 건물 1층을 '어린이집'으로 대관한 적이 있었다. 어린이집 아이들 중에 귀가 먹은 아이 둘이 있었다. 그 아이들은 말귀를 알아듣지 못하니 수업에 참여해도 별 재미가 없었다. 그래서 항상 교실에는 들어가지 않고 복도만 왔다갔다하였다. 이 두 아이들은 귀가 들리지 않으니 말도 잘 하지 못했다. 그런데 2층 예배실에서는 매일 찬양을 하고, "주여, 주여" 하고 부르짖는 기도 소리가 들렸다.

하루는 귀먹은 아이 둘이 복도에 주저앉아 울고 있었다. 왜 우느냐고 선생님이 물었더니, 말귀를 알아듣지 못하는 아이들이 귀에 노랫소리가 들려 놀라서 운다고 하였다. 그 아이들이 찬송 소리에 귀가 뚫린 것이었다. 그 다음에 부모들이 상기된 얼굴로 찾아와서 "정말 놀라운 기적이 일어났어요. 기도원에서 고쳐주어 감사해요"라고 인사를 하기에 우리가 어떻게 한 것이 아니고 하나님이 하신 것이니 나에게 고마워하지 말고 하나님께 감사하고 예수님을 믿으라고 전도했다.

기도와 찬송의 능력이 어린이집 아이들에게까지 나타났다. 그 아이들이 복도에서 찬송만 들었는데도 하나님의 치유의 손길이 나타났던 것이다.

또 언젠가 여기에 자주 오는 어느 권사가 사돈이라고 하면서 사람들을 데리고 왔다. 그런데 아내인 젊은 여자는 마르고 가냘프게 생겼는데 학교 선생님을 해서 가정의 생계를 책임지고 있다고 했다. 그 남편은 황소같이 살이 찐 남자였는데 신학교를 나와 목사가 되었다고 했다. 그를 보는 순간 아내가 벌어다 주는 돈으로 먹고 살면서 게으름이나 피우는 사람으로 보였다.

나도 모르는 사이에 가슴 속에서 분노가 치밀었다. 그래서 그 남자에게 안경을 벗으라고 하였더니, 영문도 모르고 안경을 벗었다. 나는 그 남자의 머리통을 세게 몇 대 후리쳤다. 갑자기 당한 그 남자는 물론이고 그의 아내와 사돈 간의 두 여자도 깜짝 놀라는 기색이 역력했다. 그런데 잠시 후 그 남자의 장모와 친모가 아주 좋아하는 표정을 지으며 말했다.

"권사님, 우리도 한번 그렇게 때리고 싶었으나 하지 못했는데, 권사님이 정신 차리라고 대신 때려 주시니 속이 다 후련합니다"라고 말하면서, 장모는 너무도 통쾌해서 박수를 칠 뻔했다고 말했다. 모친도 자기 아들을 느닷없이 때려 기분이 약간 상했지만, 그래도 속이 시원하다고 했다.

그 젊은 목사는 나에게 두들겨 맞고서 이러한 생각을 하게 되었다고 했다. '내가 이 땅에서도 제대로 살지 못해서 저 권사한테 이렇게 두들겨 맞는데, 하나님 앞에 가서는 얼마나 두들겨 맞을 것인가!' 하며 정신이 번쩍 들더라는 것이다. 그후에 그는 회개하고 부지런히 목회를 하는 성실한 목사가 되었다고 한다. 가끔 나 몰래 천보산기도원에 와서 예배를 드리고 은혜를 받고 간다고 하였다.

기도원 사역을 하면서 하나님 앞에 나아와 기도하고 변화되는 사람들을 많이 보아왔다.

> "기도하지 않는 하나의 민족보다
> 기도하는 한 사람이 더 강하다."(존 로스)

단절의 고통

   평소에 몸이 붓고 무겁고 심장에 답답함이 느껴져서 지인의 권유로 종합 건강검진을 받기 위해 건국대 병원에 입원했다. 검진 결과 갑상선 기능이 조금 저하되어 있고 별다른 이상이 없다고 하였다. 퇴원 준비를 하고 있는데 이왕 검사를 받는 김에 심장혈관 검사도 받으면 좋겠다는 제안을 담당 의사가 했다.

   검사 결과 심장의 혈관이 좁아져 있어서 심장에 스텐트 시술을 받으면 앞으로 건강하게 생활할 수 있다는 의사의 말에 퇴원하기로 한 날을 하루 미루고 시술을 받게 되었다. 의사는 나에게 시술 시간이 30분에서 한 시간 정도 소요되는 간단한 시술이라고 설명하였다. 별 걱정 없이 수술 동의서에 사인을 하고 수술실에 들어갔다.

그런데 시술 도중에 그만 심장의 작은 혈관을 건드려 피가 멈추지 않고 계속 흘렀다. 의사 선생님이 온갖 방법을 동원하여 지혈을 시도해 보았지만 헛수고였다. 맥박과 혈압이 계속 떨어지고 생명의 위협까지 느껴질 정도였다. 급하게 중앙수술실로 내려갔지만 수술실이 만원이라 한쪽에서 대기하고 있는데 맥박과 혈압이 계속 떨어지면서 의사와 간호사들이 분주히 왔다갔다하며 무엇인가를 하는 것 같았는데 내게 어떤 안 좋은 일이 벌어졌음을 직감적으로 알 수 있었다.

그리고 잠시 후 의식을 잃었는데 나중에 깨어나 얘길 들으니 심장이 멎었었다는 것이다. 의학적으로 죽은 것이었다. 의사들은 비상사태로 들어가 심폐소생술로 멎은 심장을 되살리려고 혼신의 힘을 기울였다. 하나님의 도우심으로 심장이 멎은 지 3분여 만에 다시 맥박이 뛰기 시작했고 혈압도 올라갔다. 죽었다가 다시 살아나게 된 것이다.

출혈된 피가 심장을 싸고 있는 막에 고여 심장을 압박함으로 일시적으로 심장이 멎었던 것이다. 그런데 심폐소생술로 심장을 싼 막이 터지면서 고였던 피가 흘러내려 살아날 수 있게 된 것이다. 담당교수는 말하기를, 자기는 심장수술을 그렇게 많이 했어도 심장막이 터지면서 심장이 다시 뛰는 경우는 처음 본다고 하였다.

심장이 다시 뛰자 가슴을 칼로 절개해서 이제는 의사의 손가락으로 터진 심장의 혈관을 지혈해야 했다. 한 시간이 훨씬 넘어서야 가까스로 지혈을 시키고 다시 가슴을 봉합하여 수술을 마쳤는데 과연 83세 노인의 체력이 버텨주는가가 최대의 의문이고 고비였다고 한다.

마취가 깨면서 느끼는 육체적 고통은 이루 말로 표현할 수 없을 만큼 컸다. 가슴을 절개하고 다시 봉합을 했고, 심폐소생술로 인해 갈비뼈가 전부 부러진 그 고통은 이루 말할 수가 없었다.

나는 중환자실로 옮겨졌고, 침대에 두 팔과 두 다리를 묶어 놓았는데 마치 십자가 형태로 되어 있었고, 몸은 통

퉁 부어서 알아볼 수 없는 몰골이었으며, 의식이 돌아오면서 내 몸의 모든 세포들이 찢어지고 갈라지는 아픔이 느껴져 심히 고통스러웠다. '내가 의식을 잃었을 때 그 즉시 목숨을 거두어가지 왜 살리셨나' 하나님이 너무도 원망스러웠다.

산소호흡기를 물고 누워 있는데 폐렴의 염려 때문에 간호사들은 물 한 모금도 주지 않았다. 입이 마르고 타들어가 정말 죽을 것만 같았다. 지옥이 따로 없었다. 성경에 나오는 부자와 나사로 비유에서, 부자가 음부에서 아브라함에게 나사로를 보내어 손가락 끝에 물을 찍어 자기 혀를 서늘하게 해 달라는 그 타는 듯한 고통이 어떠한지를 알 것 같았다.

언제나 물 한 모금 마실 수 있겠는가 전혀 가늠할 수 없는 상황에서 무작정 기다려야 하는 그것이 나를 더 힘들게 했다. 하나님께서 나를 버리신 것만 같았다. 버리시지 않았다면 이렇게 나 혼자 철저히 지옥 같은 고통을 느낄 수가 없는 것이다.

큰아들이 면회를 왔을 때 산소호흡기를 물고 있어서 말은 못하고 글로써 의사표시를 했다. "안락사." 나는 너무 아프고 힘들다고, 하나님이 나를 버리신 것 같다고 하며 차라리 안락사를 시켜 달라고 했다. 아들은 눈물을 글썽이며 "어머니, 그러면 지옥 가요…"라고 말했다.

그 당시 참으로 이해가 안 되고 이상하게 생각되었던 것이 있다. 그동안 살아오면서 크고 작은 사고 등으로 또는 질병으로 병원에서 수술을 받은 적이 여러 번 있었다. 수술 후 마취가 깨면서 고통을 의식할 때 주님은 여러 가지 방법으로 나와 함께하고 있고 나를 지키신다는 위로의 사인을 보내 주셨다.

그래서 고통 중에서도 참고 인내할 수 있었는데 이번같이 큰 수술과 이전과는 비교도 안 되는 엄청난 고통 가운데 있는데도 아무런 위로의 사인이 없는 것이다. "내가 너와 함께 있다"라는 한 마디만 들을 수 있어도 이 고통을 견딜 수 있겠는데 야속하게도 아무 말씀도 하시지 않았다. 육신의 고통과 아픔이야 이루 말할 수가 없지만 그보다 더한 것은 '아! 하나님이 나를 버리셨구나' 하는 절망의 고통이었다. 나는 철저히 혼자였고 죽음으로 내몰리고 있었다.

그렇게 중환자실에서 처절한 고통 가운데 몸부림친 지 3일째 되던 날 나의 가슴에서 처음으로 하나님의 음성이 들렸다. 주님께서 "십가가의 고통이 얼마나 크고 힘든 것인지 네가 알았느냐? 내가 그런 고통 속에서 너를 구원하였다"라는 주님의 음성이었다.

지금까지 나는 주님이 십자가에서 내 죄 값을 치르기 위해 대신 죽으셨다는 말을 수없이 들었고 또 수없이 말했다. 하지만 그 십자가의 처절한 고통의 크기와 깊이가 어떠했는지는 솔직히 깊이 생각해 본 적이 없다. 그저 막연하게 아프셨을 것이라는 생각만 했었다.

하지만 갈비뼈가 다 부러지고 생살이 찢어지고 물 한 모금 마실 수 없는 중환자실에서 아주 조금이나마 주님의 그 육체적인 십자가 고통을 알 것만 같았다. 그리고 또 하나의 고통, 항상 하나님 아버지와의 교제 가운데 공생애 사역을 하신 예수님이 그 십자가상에서는 철저히 혼자가 되어 "하나님 하나님, 어찌하여 나를 버리셨나이까?"라고 울부짖을 수밖에 없는 단절의 고통이었다. 나에게 아무런 위로의 사인이 없었던 이유는 바로 예수님의 단절의 고통까지 나에게 경험시키기 위한 것이었음을 나중에 깨달았다.

나를 구원하기 위해 그 엄청난 고통을 몸소 다 느끼고 기꺼이 죽음을 맞이한 주님의 그 십자가 은혜에 인간의 언어로는 다 표현할 수 없을 정도로 무한 감사드리지 않을 수가 없다.

중환자실에서의 하루하루 위기의 순간을 주님이 지켜주셔서 12일 만에 일반 병동으로 옮겨 갈 수 있었지만 고통의 날들은 계속되었다. 주님을 향한 사랑과 내 모든 지난 날들이 주마등처럼 스쳐갔다. 조금씩 조금씩 수술 상처가 회복되어 화장실을 스스로 내 발로 걸어갈 수 있게 되었다. 전적으로 주님의 은혜였다. 수술을 집도한 담당교수는 하루에 일곱 번씩 회진을 와 주었다.

회복된 후 나중에 들은 이야기인데 이 교수님은 심장 분야의 권위자로 1,300명을 수술하였는데 나같이 혈관이 터져 지혈이 안 되어 심장이 멎은 환자는 처음이었다고 했다. 의사도 놀라고 당황했지만 수술실에서 3분 동안 심장이 멎어 죽음을 맛보았던 순간 그분이 하나님께 기도했다고 한다. 알고 보니 그분은 의사이지만 신학을 공부하고 목사 안수까지 받은 목사님이셨다.

아주 짧은 순간의 기도였지만 하나님께 어떻게 이런 일이 있을 수 있냐고 살려주시라고 기도했더니, 환상이 보이는데, 머리 하얀 할머니가 천국 문에 서 있기에 "할머니, 거기 왜 계세요? 빨리 오세요"라고 손짓을 했다고 한다. 그 순간 내 심장이 다시 뛰기 시작했다는 것이다.

주치 의사 선생님이 나를 위해 기도하면 '주님이 귀하게 생각하고 사랑하는 분'이라는 것을 확실히 느낄 수 있었고, 누구기에 주님이 그런 마음을 주시나 보았더니 천보산 민족기도원 원장님이신 줄 나중에 알았다고 나에게 이야기해 주었다. 이분과의 만남도 주님께서 예비하신 것 같았다. 주님이 십자가의 고통을 경험하게 하시고 또 이런 신실하고 자상한 의사이며 목사님인 기도하는 사람을 붙여 주신 것이 주님의 세심한 위로임을 나중에 깨달았다.

병상에 누워 있으니 주님 앞에 이런저런 회개할 일들이

떠올랐다. 회개하면서 "주님, 이제 주님 앞에 갈 때까지 흠 없고 점 없는 주님의 거룩하고 정결한 신부로 단장하고 갈 수 있게 해주세요"라고 기도한다. 주님의 은혜를 어찌 말로 다 표현할 수 있으랴.

한 달여 가량 입원생활을 마치고 퇴원하였다. 퇴원하였어도 육신적 고통은 계속되었지만 그래도 주님의 십자가 은혜를 체험할 수 있어서 마음으로는 감사와 평안이 충만하였다.

병상에 누워 언제 회복될 수 있을까 답답하고 무료한 시간을 보내고 있을 때, 아들이 '어머니 퇴원하시면 자서전을 써 보시는 게 어떻겠냐'고 이야기했다. 아들의 권면으로 지난 시절을 회상하노라니, 어린 시절 기억의 파편들이 오래된 흑백영화 필름처럼 펼쳐졌다. 하나하나 그동안 잊혀져가던 일들이 주마등처럼 스쳐갔다.

우정재 권사님의 수술 이야기

건국대학교병원 심장외과 **신제균**

우정재 권사님이 건국대학교병원에 내원하신 것은 협심증의 흉통으로 2014년 6월 30일이었다. 심장내과에서 7월 4일 오전 11시 심장의 관상동맥 중 가장 중요한 좌측 전방 분지의 협착이 심하여 스텐트 시술을 하였다.

매우 드문 경우인데 심장의 혈관이 약하여 출혈이 생기고 말았다. 성공적으로 스텐트 시술은 되었으나 시술 후 출혈로 인해 심장수술을 해야 되는 상황이었다. 수술대 위에 옮기기 전에 심장마비 상태가 되었다. 수술대 위에서 심장마비가 와도 소생시키기 어려운데 운반 침대에서 심장마비가 왔기에 참으로 절망스러웠다.

워낙 고령이고 뼈가 약하기에 심장 마사지를 통해 더욱 심장이 손상되면 가능성이 없겠다고 판단하고 직접 조심스럽게 심폐소생술을 하였다. 그런데 기적 같은 일이 일어났다. 정성을 다해 집중하여 마사지를 하는 순간 갑자기 혈압이 정상이 되고 심장박동이 돌아왔다. 그리하여 수술대로 옮겨 마취를 하고 조심스럽게 가슴을 열고 심장 상태를 살펴보니 그 이유를 알게 되었다.

심장을 싸고 있는 심낭 안에 피가 많이 고여 있었는데 심장을 압박하던 피가 심장 마사지를 할 때 뒤쪽의 심낭이 터지면서 흉강 내로 빠져나간 것이었다. 이런 일은 거의 없는 일이었다. 심낭 내에 남아 있는 응고된 피 덩어리와 피가 약 300cc 정도 있었고 흉강 내로 빠져나간 피가 약 800cc 정도나 되었다.

조심스럽게 피를 다 제거하고 심장혈관에서 나오는 출혈을 어렵게 지혈 봉합하였다. 그러나 심장부종이 심하여 스며 나오는 출혈이 멈추지 않았다. 각종 지혈제를 사용하고 거즈로 누르면서 기다리는 수밖에 다른 도리가 없었다.

도저히 지혈될 것 같지 않았던 출혈이 차츰 멈추기 시작했다. 3시간 동안이나 누르고 국소지혈제를 사용하기를 반복하면서 지혈이 되었다. 지혈이 되지 않으면 사망에 이르는데 이 또한 정말 기적적이었다. 이렇게 오랫동안 지혈을 하는 예는 흔치 않다. 조심스럽게 가슴을 봉합하고 수술을 마쳤다.

7월 4일 오후 4시에 수술을 시작하여 중환자실로 이동한 시간은 오후 8시 넘어서였다. 의식이 회복된 것은 수술 후 6시간 뒤였고 참으로 다행인 것은 뇌에 손상을 입지 않은 것이었다. 그러나 호흡기능이 돌아올 때까지 인공호흡기로 도우면서 모든 장기 기능을 조절하고 영양을 공급하고 기도삽관의 상태를 유지시키면서 안정시켜야 했다.

대개 수술 후 1주일 이상 인공호흡기를 지속하게 되면 기관 절개를 해야 하는데 다행히 수술 후 10일째 호흡기를 완전히 제거할 수 있어 기관절개수술은 피할 수 있었다.

중환자실에서 환자분이 기도원 원장님임을 알게 되었고, 참으로 수술 시작부터 회복 시까지 기적적이고 다행한 일이라 표현한 모든 일들이 주님의 도우심임을 확실히 믿을 수 있었다. 그 이후 회복하는 모든 과정에서 정말 주님의 세밀한 도우심의 손길을 느꼈고 입원한 지 25일 만에 순조롭게 퇴원하셨다. 그리고 1년이 지난 2015월 8월 12일 심장 혈관과 기능을 검사하여 모두 정상임을 확인할 수 있었다.

분명 주님께서 이 땅의 이 민족을 위한 우 원장님의 사명이 더 있기에 도우시고 그 생명을 연장시켜 주셨음을 믿는다.

"원장님! 오래 건강하실 수 있도록 돕겠습니다."

어머니의 삶을 돌아보며

홍완진

어머니의 생애를 돌이켜보면서 성경의 한 장면이 생각납니다. 야곱이 애굽 왕 바로 앞에 섰을 때 바로가 묻습니다. 네 나이 몇 살이냐고. 그때 야곱이 130년의 험악한 세월을 살았다고 말합니다.

어머니 또한 80년의 험악한 삶을 사셨다고 생각합니다.

무능한 남편의 폭력과 가족의 생계를 책임져야 하는 삶의 무게, 사역자로 부르심을 받고 9개의 교회를 분리 개척하면서 겪은 갈등 그리고 천보산민족기도원을 세우기까지의 경제적 어려움, 각종 사고와 질병으로 인한 병원 수술 등 평범한 사람들이 일생에 한두 번 겪을 수 있는 일들을 몇 갑절 겪는 파란만장의 삶의 연속이었던 것 같습니다.

어머니에 비해 너무 순탄한 삶을 보냈던 저는 가끔 '왜 하나님은 유별나게 어머니에게 많은 환난과 시련을 허락하셨을까?'라는 질문을 했었습니다.

아무리 생각해도 답은 딱 하나로 집약됩니다.

그것은 하나님께서 어머니의 믿음을 정금 같게 하여 오직 하나님만 의지하고 집중하게 하고 또한 이를 통하여 하나님의 일을 이루시기 위함이라 생각합니다.

기도원에 오시는 많은 분들이 어떻게 어머니가 천보산 민족기도원을 세우고 지금도 80세가 훨씬 넘은 분이 찬양을 힘 있고 은혜롭게 인도하시는지를 묻습니다.

그러면 저의 답은 오직 하나밖에 없습니다.

"주님의 은혜로 주님이 하셨습니다."

어머니에게는 아무것도 가진 것이 없었습니다. 재산도 전혀 없고 학력도 초등학교 졸업이 전부였으며, 그렇다고 든든한 백그라운드가 있는 것도 아니고, 건강한 몸으로 노동을 할 수 있었던 것도 아니었으므로 오직 하나님만 쳐다보고 매달릴 수밖에 없는 상황이었습니다.

그런데 어떻게 기가 막히게 오늘날 여기까지 왔는지 인간의 생각으로는 답이 없습니다.

아브라함이 75세에 이삭을 낳았으면 내가 낳았다고 했을 텐데 100세에 낳으니 하나님이 주셨다고 했고, 모세가 40세 때 이스라엘을 출애굽시켰으면 내가 구원하였다고 했을 텐데 80세에 출애굽시키니 하나님이 하셨다고 했듯이, 어머니 또한 돈이 있거나 학식이 있었다면 그리고 도와줄 사람이 있거나 힘이 있어서 노동이라도 할 수 있었다면 "내가 했습니다"라고 하였을 텐데, 도대체 아무것도 없었으니 주님이 하셨고 주님의 은혜로밖에는 딱히 말할 수가 없습니다.

저는 성격적으로 사람들 만나는 것을 부담스러워하고 또한 솔직히 여러 가지로 부족하고 능력이 없는 사람입니다. 그래서 이 기도원을 운영하는 것이 버겁고 힘들어 어디 조용한 곳으로 도망치고 싶은 마음이 들 때가 많이 있었습니다. 그때마다 어머니를 생각하며 도망치고 싶은 마음을 내려놓곤 했습니다.

'어머니가 하신 것이 아니라 하나님이 하셨잖은가! 시련을 통해 주님만 의지하도록 훈련시켜 주님께 자신을 드렸을 때 주님이 어머니를 통해 친히 주님의 일을 하셨잖은가! 내가 하려고 하니까 성격이 안 맞는 것 같고, 내가 하려고 하니까 버겁고 힘들지…. 주님이 하신다면, 부족하고 능력 없는 나 같은 사람일수록 주님의 일하심에 더 걸맞고 주님이 하셨음이 더 뚜렷하지 않는가?'

"예, 주님 맞습니다. 저에게 아직 '나, 나, 나'가 완전히 빠지지 않았습니다. 어머니처럼 불로 단련받아 정금이 되듯이 시련을 받아 '내가'가 빠져야 하는데…. 하지만 주님, 순종하겠습니다. 불은 싫습니다. 어머니의 시련 곁에서 보아온 것으로 훈련 받았다고 해주시면 좋겠습니다"라고 고백하게 됩니다.

그리고 더 나아가 내 수준이 아닌 주님의 수준으로 주님의 일을 하시도록 나를 온전히 주님께 드리기를 원합니다.

어머니가 나라와 민족을 품고 기도하실 때 주님이 일을 하셨다면, 저는 열방을 품고 기도하며, 십자가의 완전한 복음을 열방에게 전해줄 복음의 증인들을 일으켜 함께 열방을 섬기는 일에 주님의 통로로 사용되기를 소망합니다.

어머니께 참 감사한 것은 저의 든든한 믿음의 거목이 되어주셨다는 것입니다. 어려움이 오고 힘들 때 세상에서 도움을 구하지 않고 오직 믿음과 전적인 헌신의 본을 보여주셨습니다. 그리고 세상적으로 의지할 사람 없던 어머니, 하나님을 자신의 아버지요 남편이요 친구로 삼아 수시로 주님께 나아가 교제하며 기도하셨던 그 모습을 보면서 주님의 제자의 삶의 비결을 보여주셔서 고맙고 감사합니다.

제가 요즘 많이 쇠약해진 어머니를 보면서 하나님께 기도하는 것이 있습니다.

"하나님, 지금까지 어머니의 아버지와 남편 그리고 친구가 되어주셔서 어렵고 힘들 때 힘을 주시고, 외롭고 아플 때 위로와 용기를 주신 것 감사합니다. 주님이 끝까지 함께해 주셔서 주님 앞에 거룩하고 흠이 없는 정결한 신부로 설 수 있게 하옵소서."

어머니! 저에게 신앙의 든든한 거목이 되어 주셔서 고맙습니다. 항상 사랑하고 존경합니다.

에필로그

천보산민족기도원 사역은 오직 하나님이 나와 함께하심으로 가능했다. 기도밖에는 할 수 있는 게 없는 나에게 하나님은 찬양을 성도들에게 숙제로 내주는 식양을 보여주셨다. 회개 찬송과 그 영혼이 열릴 수 있는 은혜 찬송을 마음을 쏟아 부르는 가운데 믿음이 세워지고 삶이 변화되도록 일하시겠다는 것이 천보산민족기도원에 주신 하나님의 언약이었다.

아브라함과의 피 언약은, 주 예수 그리스도를 믿는 믿음의 의로 말미암은 후손으로 하나님의 나라를 이루시겠다는 언약이었다. 천보산민족기도원에 두신 하나님의 언약은, 신앙생활의 모양은 갖추었으나 주 예수 그리스도에게 소망을 두지 않고 세상에 둠으로써 환난을 당하면 여지없이 무너지는 성도들을 복음과 기도로 세워서 하나님 나라를 보존하여 가시겠다는 언약임을 믿는다. 복음으로 세워진 이 성도들의 기도로 민족과 열방을 이끌어 가시겠다는 언약임을 믿는다.

  이 언약을 믿기에 민족의 위기 때마다 국가적 영적 전쟁의 구국기도성회로 하나님께 나아간다. 주 예수 그리스도의 의를 힘입은 성도들이 이 성산에서 나라와 민족을 안고 기도하며 대한민국을 축복함이 이 백성들로 하여금 죄와 어둠을 이기게 하고, 이 땅을 살려내는 통로임을 믿는다.

  여리고 성이 그 말씀의 순종으로 무너졌듯이, 이스라엘 성전의 꺼지지 않는 제단 불이 하나님의 임재의 상징이었듯이, 이 성산에서 나라와 민족의 이름을 붙잡고 드리는 예배의 불이 꺼지지 않음이 곧 이 민족과 함께하시는 하나님의 임재의 상징임을 믿고, 오늘도 나는 예배에 생명을 건다.

  "민족과 열방을 그리스도의 품에"라는 기도원의 설립정신이 이루어지기를 소망하며, 기도원에 터전을 둔 순회선교단의 복음학교 대열과 선교사들의 사역을 볼 때마다

"민족과 열방을 우리에게 주소서"라는 기도가 우리의 소원일 뿐 아니라 하나님의 마음임을 본다.

기도원에서 드려진 8.15광복 70주년 기념 나라사랑 기도성회에서는, 주님이 이 민족에게 주신 해방과 자유가 방종과 타락으로 얼룩져 있는 이 민족의 현실 앞에 가슴을 찢고 회개하며 다시 복음으로 돌아갈 것을 결단하였다.

"주여! 우리의 결단을 들으시고 반쪽 광복을 완전한 광복으로 허락하셔서 남북이 하나 되어 땅 끝까지 복음 들고 나아가는 선교백성이 되게 하소서…."

예배를 마친 성도들이 무리 지어 웃으며 언덕을 내려간다. 넓은 주차장에 기도원 셔틀 버스와 성도들의 차량이 빽빽이 줄지어 서 있다. 마당 중앙 게양대에는 태극기가 바람에 나부끼고 있다.

어릴 때 어머니가 무릎 위에 태극기를 펼치며 학교에 걸린 일장기는 우리 국기가 아니고 이것이 우리나라 깃발이라고 하신 말씀이 생생하다. 오늘도 우리는 나라와 민족을 위하여 쉬지 않고 기도하며 하나님의 나라가 이 땅 위에 이루어지기를 소망한다.

결코 평탄치 않았던 우여곡절의 인생여정이었지만 주님은 나를 신부 삼아 주시고 일평생 나와 동행하시며 행복을 노래하게 하셨다. 오직 주님의 은혜이다.

나의 이 부끄러운 간증이 어느 누군가에게도 "주님의 신부로 행복합니다"라고 고백할 수 있는 또 다른 간증으로 이어지기를 기도한다.

찬송숙제 간증

하나님의 은혜

곽점례 전도사

제가 천보산기도원에 와서 은혜를 받은 몇 가지를 함께 나누고자 합니다.

첫 번째로, 저는 큰딸 문제로 작년에 우 권사님께 상담을 받고, 큰딸을 놓고 기도해 달라고 말씀을 드렸습니다. 권사님은 저보고 이리 와 앉으라고 하시더니 머리에 손을 얹고 기도해 주셨습니다. 기도할 때에 하나님의 임재가 한 번, 두 번, 세 번 느껴졌는데 저를 보자기로 덮는 것 같았습니다.

기도를 부탁드린 뒤 집에 와서 며칠이 지났을 때였습니다. 길을 건너고 있는데, '큰딸을 사랑하라'는 하나님의 음성이 들렸고, 저의 마음속에서 사랑의 불이 나가면서 주체할 수 없을 정도로 눈물이 쏟아졌습니다. 엉엉 울며 집에 도착하니 딸이 마침 집에 와서 누워 있었습니다.

저는 딸 옆으로 다가가 머리부터 다리 끝까지 만지면서 기도한 후 내가 너를 사랑한다고, 엄마가 잘못했다고, 엄마를 용서해 달라고 하면서 안아 주었습니다. 그리고 조금 지나서 딸의 눈이 반짝반짝한 것이 하나님의 은혜를 딸의 얼굴에서 볼 수 있었습니다.

두 번째로, 지금으로부터 7년 전의 일인데, 작은딸이 상견례를 하고 결혼 안 한다고 해서 천보산민족기도원 기도굴에서 기도를 했습니다. 밤새도록 부르짖었습니다. 그리고 그날 저녁 집에 와서 잠을 자는데 비몽사몽간에 아기 천사들이 딸을 만져주고 딸 위에서 춤을 추는 것을 보았습니다. 그렇게 응답을 받아 지금은 결혼해서 딸아들 낳고 교회도 잘 다니고 행복하게 살고 있습니다.

세 번째로, 이웃집과의 문제를 놓고 기도원으로 기도하러 갔습니다. 죽으면 죽고, 살면 살지, 죽으면 천국 가고… 그렇게 이웃을 위하여 기도했습니다. 그날 저녁 잠을 자는데 엄청나게 큰 뱀과 구렁이가 이웃집을 떠나 하늘로 올라가는 것을 보았습니다. 그런데 그 집이 정말로 하나님의 응답으로 이사를 가게 되었고, 저는 이사 가는 아저씨에게 예수를 잘 믿으라고, 가까운 교회에 나가시라고 전도했습니다. 그리고 나서 참 좋으신 분들이 새로 이사를 왔습니다.

이뿐 아니라 소소한 것들도 제가 기도하면서 많은 응답을 받았습니다. 지금은 깨어 기도하면서 가족들이 모두 행복하게 하나님의 임재 가운데서 살고 있습니다. 지금은 자녀들을 볼 때에 성령님의 조명하심으로 자녀들의 영적 상태를 알게 됩니다.

기도원에 와서 큰 체험들을 했습니다. 찬양중에 체험한 것입니다. 우 권사님께서 불꽃 같은 눈동자로 위를 바라보고 계셨는데, 그 위에는 천군천사들이 있었습니다. 그리고 지금 사시는 집과 성전까지의 길이 언덕처럼 영상으로 펼쳐졌는데 그 길에는 아주 예쁜 돌이 있었습니다. 그 돌 위에 빛이 비취었는데 그 빛은 설립자 우정재 권사님의 얼굴이었습니다. 너무너무 인자하신 모습이었습니다. 그 뒤로는 매우 아름다운 하나님의 동산이 보였습니다. 권사님의 수고와 땀이 어려 있는 이곳, 예수님의 피로 값 주고 사신 이 천보산민족기도원은 나라와 민족을 위하여 기도하는 거룩한 곳입니다.

제 소원은 하나님이 불러 가시는 그날까지 나라와 민족을 위하여, 그리고 북한과 전 세계를 위하여 기도하는 것입니다. 이 일을 할 수 있도록 인도하신 하나님께 감사드리며, 천보산민족기도원의 설립자이신 우 권사님께도 감사를 드립니다. 여기에 계시는 직원들과 모든 식구들, 그리고 지금 기도원의 기도의 자리에 앉아서 기도하시는 분들에게 감사를 드립니다. 시간시간마다 설교하시는 목사님께도 감사드립니다. 모든 영광을 하나님께 돌립니다.

권사님! 건강하게 오래오래 사세요. 감사드립니다.

천보산기도원에서
만난 하나님

박순자 전도사

내가 기도원에서 찬양과 기도를 통해 만난 하나님은 내 생활이 빈곤할 때 부를 주시는 하나님이 아니라 그 부를 얻을 수 있도록 수고를 일깨워 주시는 분이었습니다.

내 몸이 병들었을 때 선뜻 치유해 주시는 하나님이 아니라 그 불치조차 감사하는 뜨거운 눈물을 주시는 분이었고, 내 마음이 곤고할 때 무조건 위로해 주시는 하나님이 아니라 그 근원을 살피는 세미한 지각을 주시는 분이었습니다.

어떤 역경에 처했을 때 안일한 도피처를 예비해 주시는 하나님이 아니라 그 역경과 맞서는 진정한 용기를 주시는 분이었습니다.

내가 알고 있는 하나님은 훌륭한 결과에 앞서 그 시작을 온전케 하시는 분이며, 젖과 꿀이 흐르는 미래의 복지보다는 그 기업을 가꾸는 현재의 동역자이시며, 한 순간에 기적을 낳는 초연적인 방법보다는 자연의 원리를 따라 섭리하시는 질서의 하나님입니다.

찬송하며 기도하며

배길수(숭인교회 안수집사)

저는 대대로 우상을 섬기는 집안에서 태어났습니다. 그래서 오랫동안 사탄의 역사로 인해서 별의별 짓을 다하고 힘들게 삶을 살았습니다. 무당 집을 찾아가 굿을 하기도 했습니다.

이런 힘든 생활을 하는 중에 아내의 권유로 교회에 다니게 되었고 새벽예배에 참석하면서 하나님의 은혜로 많은 것들이 회복되었습니다. 그리고 교회에서 안수집사로 임명받고 전도대 회장직을 맡으며 주님의 일에 충성하게 되었습니다.

그러던 중 신앙이 나태해져 주일예배도 빼먹고 직장도 그만두면서 다시금 삶의 방황이 시작되었고 결국 아내와의 이혼까지 생각하게 되었습니다. 그러자 아내는 직장을 그만두고 천보산기도원에 와서 기도하기를 시작했습니다. 권사님으로부터 1000일 작정기도를 받고 열심히 기도원을 다녔습니다.

아내가 150일 정도 작정기도를 하였을 무렵, 어느 날 밤 제가 화장실에 갔는데 저도 모르게 갑자기 몸을 주체하지 못하고 앞으로 쓰러졌습니다. 그때 생생하게 "이제는 너의 생명을 거두리라"는 주님의 음성이 들렸습니다.

저도 모르게 절실한 음성으로 "주님, 용서해 주세요!" 하고 통곡하며 우는데 딸아이가 놀라 달려와 집사람과 함께 저를 거실로 끌고 나왔습니다. 그 순간 제 마음속에서 마귀가 훅~ 나가는 느낌이 들더니 회개의 눈물이 쏟아졌습니다.

아내의 작정기도 가운데 하나님께서 제게 주신 은혜였습니다. 여러분도 작정기도 하다가 중간에 포기하는 일이 없길 바랍니다. 우 권사님이 찬송을 주시면 현재는 보이는 것 없고, 잡히는 것 없고, 그 전보다 더 나빠진다 하더라도 절대 포기하지 마십시오. 만일, 제 아내가 중간에 기도하기를 포기했다면 오늘 저는 이 간증문을 쓰지 못하였을 것입니다.

저는 주님을 다시 만난 후 회사에 10일 휴가를 내고 우 권사님을 만나 찬송을 받고, 찬송과 기도에 들어갔습니다. 그리고는 10일 가지고는 부족한 듯하여 회사에 10일 휴가를 더 내어 기도원에 다녔습니다.

그런데 관리소장이 자기 비리를 제가 많이 알고 있다는 것을 눈치채고 휴가기간을 이용해 저를 해고하려고 관리단 회장님께 보고하였습니다. 휴가를 마치고 회사에 출근하자 관리단 회장이 저를 불러 해고 의사를 말씀하시는 것이었습니다. 그래서 저는 "아무런 잘못이 없는 제가 왜 해고를 당해야 합니까?" 하고 내려와서는 우 권사님이 주신 찬송을 회사에서 삼십 번 부르고, 퇴근해 집에 와서 삼십 번 불렀습니다.

10일 후 직장 관리소장의 비리가 속속들이 밝혀지고 저의 누명이 벗겨지면서 제가 아닌 관리소장이 해고되었고, 제가 운영회로부터 관리소장직을 임명받았습니다. 그때부터 저는 토요일과 공휴일이면 무조건 기도원에 와서 찬송하고 예배를 드렸습니다.

 다시 한번 말씀드리지만 우 권사님이 찬송을 주시면 끝나는 날짜까지 다 마치시기를 바랍니다. 변변치 못한 저희 가정도 하나님께서 은혜 주시는데, 하나님께서 사랑하는 성도님들의 가정에 역사하시지 않겠습니까?
 현재 제 아내는 천보산기도원에서 우 권사님을 보필하면서 봉사하고 있습니다. 그래서인지 아내의 건강도 훨씬 좋아져, 지금 제 아내의 얼굴에는 언제나 은혜의 꽃이 피어나 참 아름답습니다. 할렐루야!!

나의 노래

이길용 목사(수목원교회)

"여호와는 가난하게도 하시고 부하게도 하시며
낮추기도 하시고 높이기도 하시는도다
가난한 자를 진토에서 일으키시며
빈궁한 자를 거름더미에서 올리사
귀족들과 함께 앉게 하시며
영광의 자리를 차지하게 하시는도다"(삼상 2:7-8).

몸이 아프면 병원을 찾듯이 힘들고 지쳐 심령까지 아플 때는 기도원을 찾았습니다. 기도원을 자주 다녀본 일도 없는데 발걸음은 천보산민족기도원으로 옮겨졌습니다.

"상담실" 글자가 보이는 곳으로 들어가니, 백발의 할머니 한 분이 앉아계셨습니다. 그런데 대뜸 눈도 마주치기 전에 갸우뚱하는 순간 갑자기 "왜 왔어? 왜 그렇게 보기 싫으냐, 쓸데없이 돌아다니네" 하시는 말씀에 '아하 내 신앙을 보고 그러시는구나' 하고 알아차렸습니다.

처음 뵙는데 내 얼굴이나 겉모습만 보고 말씀하실 어른이 아니라는 걸 알고 있었습니다. 그때 바로 찬송가 254장을 하루에 150번씩 부르라 하셔서, "예" 대답은 하였는데, 교만한 마음에 '지금까지 40년 이상 예배생활을 대형교회에서 곧잘 했는데 무슨?' 하는 생각이 들었습니다. 마음속에서 선과 악이 싸우며 힘들게 했지만 죽을 수도 살 수도 없을 때 순종이 승리했습니다.

첫날 하루 찬송을 불렀는데 삼일 금식 후유증이 나타나 매우 힘이 들었습니다. 그러나 해냈구나, 선이 악을 이겼다는 승리감, 겉사람은 힘들지만 내면에는 평안, 기쁨으로 시작되는데 다음날부터 눈과 코에서 눈물, 콧물이 일주일 동안 한없이 쏟아졌습니다. 주님이 찬송 속에 조명해

주시어 대형교회 한 곳에 37년 있었다는 교만이 작정찬송을 통하여 무너졌습니다. 얼마나 힘들었는지요.

　남들은 자판기에서 쉽게 뽑아 마시는 커피도 부러움의 대상이었고, 립스틱 바르고 오는 사람도 부러움의 대상이었습니다. 문제가 많아 생략하지만, 집이 경매 넘어가고, 대학생 아들 갑자기 넘어져 용변 받아 내야 하고, 결혼한 아들 내외 안 산다 하고, 물질이 바닥나 차비 한푼 없고, 기도 끝나고 차가 없어 어찌할 바 모를 때 찬송 부르라 하시는데, 죽을 수도 살 수도 없을 때 신의 소리로 듣고 순종했습니다.

　남들이 볼 때 바보처럼 뭐 그렇게까지 하는가 하는 야유의 소리도 있었습니다. 그들은 자유로이 하고 다니라 하였습니다. 그런데 십여 년이 지난 후 그들은 옛날 모습 그대로더군요….

　하루도 빠짐없이 예배와 찬송을 반복했습니다. 남들은 바보 같다 할지라도 하나님께 드리는 찬송이므로 간절한 마음으로 정성을 다했습니다. 날짜가 다 찼을 때 문제의 환경은 변하지 않았지만 권사님께서 내 손을 잡고 "회개가 말끔히 됐네" 하시면서 70일 더 작정찬송을 주셨습니다. 다시 찬송을 시작하면서 풀리고 열리는 역사가 일어나기 시작했습니다.

며느리도 "어머니 가시는 곳에 저도 가겠어요"라고 하여 함께 다녔고, 그후로 자녀도 출산하여 귀한 사모 역할을 잘 감당하고 있습니다. 허리 아파 어려웠던 아들도 목사가 되어 좋은 규수 만나 사역 잘 감당하고 있습니다. 진토와 거름더미에서 일으키사 저 역시 오늘날 목사가 되어 권사님 옆에서 상담 사역까지 하게 되었습니다. 기도가 나의 노래가 되었고, 순종이 제사보다 낫다는 것을 알게 되었습니다.

지금 제 사역도 찬송의 제사로 권사님의 찬송숙제를 따라가고 있습니다. 재수, 삼수 없이 하나님께서 보고 계신다는 신뢰하는 믿음으로 주님께 승리의 영광의 찬송을 올려드립니다.

하나님을 기쁘시게 하는 기도

이남희 집사

제 소개를 먼저 하겠습니다.

저는 예수 믿지 않는 불신자의 가정에서 태어났고 가난하게 자랐습니다. 어릴 때부터 몸이 허약하여 13세 때까지 야뇨증을 앓아 오줌싸개라는 별명을 갖고 있었습니다. 중학교 때에는 읍내에서 사촌언니와 자취를 하며 학교에 다녔는데 우울증을 앓았습니다. 어른이 되어 직장생활을 하면서까지 우울증은 계속되었고 결국 정신에 문제가 생겨 전남대학병원에 입원하였습니다. 그리고 병원 원목실에서 예수님을 믿게 되었습니다.

교회생활을 시작하고 새벽기도회를 다니면서 성령세례를 받았습니다. 주님께서 방언 은사를 주셨고 저는 방언 찬양으로 하나님께 영광을 돌리게 되었습니다. 그렇게 하나님을 알아가면서 주님은 여러 모로 훈련을 시키시고 믿음 안에서 꿈을 갖게 하셨습니다. 정신질환으로, 육신의 아픔으로 고생하면서 나와 같이 사랑에 굶주리고, 소외당하고, 눌린 자들을 위해 평생 봉사하면서 살고픈 마음을 주셨습니다.

　저는 1999년 1월 5일부터 천보산민족기도원에서 철야예배를 드리며 작정기도를 시작했습니다. 성령님의 도우심과 꿈을 통해 인도해주신 기도원에서 1주일 회개찬송 숙제를 하고 50일 작정기도를 했습니다.

　작정기도를 마치고 꿈을 꾸었는데, 나에게 속한 떨거지들이 다 죽고 하늘로 올라가는데 두 가지가 올라가다 말고 떨어지는 것이었습니다. 그것이 곧 영적 교만과 혈기임을 알아차렸습니다. 그리고 온전히 회개하고 변화되어 성령의 폭포수가 만들어주는 시온의 대로를 딸과 함께 손을 잡고 사명의 길을 가는 꿈이었습니다.

기도원에서 봉사하는 일과 교회에서 봉사하는 일들이 겹쳐져서 때로는 어렵기도 하고, 제대로 작정을 지키지 못하는 일들이 있었습니다. 성령님께서는 계속 기도하라는 감동을 주셨는데, 돈 버는 재미에 빠져서 기도하지 못하자 눈에 망막출혈이 생겼습니다. 저에게 큰 고통이고 형벌이었습니다.

제대로 정신 차리고 3년이든 5년이든 하나님께서 끝내 주실 때까지 그만두지 않으리라는 각오와 다짐으로 다시 작정기도를 시작했습니다. 4년이 되었습니다. 망막 출혈로 고인 피가 수정체를 오염시켜 아무것도 볼 수 없었는데, 기도하면서 수정체 절제수술도 받지 않고 깨끗하게 시력이 회복되었습니다.

지금은 열심히 작정기도 하며 봉사하며, 진정으로 하나님께서 받으시는 봉사가 되도록 최선을 다하고 있습니다. 우 권사님을 통해 인도해주시는 주님의 말씀대로 순종하면 되었을 것들을, 내 생각으로 하면서 많은 시행착오를 겪었고 긴 세월을 낭비하였습니다. 사람을 기쁘게 하기보다는 하나님을 기쁘시게 하는 데 초점을 맞추어 작정기도를 해야 한다는 것을 알게 되었습니다.

부족한 저를 권사님께 붙여주셔서 지금은 이곳 불암동으로 이사하여 훈련받고 있습니다. 앞으로 훈련을 마치고, 사명자로 사역하기를 바라며 기도의 자리로 나아가고 있습니다. 하루를 25시간으로 살아가면서 때로는 육신이 힘들기도 하지만, 그때마다 하나님의 은혜 가운데 새 힘을 공급받고 있습니다.

저는 우정재 권사님을 든든하게 해 드리는 버팀목이 되고 싶습니다. 권사님께서 기도원 하기를 참 잘했구나 생각하실 만큼 든든한 사람이 되고 싶습니다. 여러분도 권사님으로부터 주님의 제자로 훈련받아, 귀한 사명자로 살아가시기를 바랍니다. 후에 하나님께 큰 상급 받는 믿음의 자녀들이 되시길 바랍니다. 감사합니다.

기도로 심고
찬양으로 영광 돌리라

주순옥 권사

저는 주순옥 권사입니다. 믿음의 어머니 우정재 권사님의 책에 실린다는 것이 얼마나 영광인지 주님께 먼저 감사드립니다.

저는 20여 년 전 IMF 때 작은 섬유공장을 하다가 부도로 인해 사업장과 집까지 잃고 너무나 허망한 가운데 교회 담임목사님의 권유로 천보산민족기도원을 처음 만나게 되었습니다. 그 당시 우 권사님께서 힘들고 어려울 때 찬양하고 기도하라고 말씀하셨습니다.

그때 제가 어려움을 견딜 수 있었던 것은 기도와 찬양뿐이었습니다. 그후 기도원에 다니면서 기도 중 응답으로 마음의 위로를 받게 되었습니다. 너무 힘들어 기도원에서 찬양하고 기도할 때면, 저에게 다가와 등에 손을 대고 주님이 힘을 주실 것이라고 말씀하셨던 권사님께 감사드립니다. 또, 존경합니다.

권사님은 늘 말씀하셨습니다. 심지 아니하고 거두는 법은 없다고, 기도로 심고 찬양으로 영광 돌리고, 눈물로 씨를 뿌리라고 하셨습니다. 저는 그 말씀을 항상 마음에 새기고 실천함으로 주님의 위로와 임재를 체험할 수 있었습니다.

우 권사님을 통하여 말씀해 주신 주님을 찬양합니다.

고난이
유익이 되게 하신 하나님

김정애 권사

별내로 이사 온 때가 11월이니 이제 3년……. 시간은 정말 빠르게 지나갔다.

강남 한복판 압구정에서 살다 생전 들어보지도 못한 중계동으로 옮겨 왔었다. 해본 적도 없는 사업에 남편은 두 번이나 사기를 당했고 모든 걸 잃어버리면서 갑자기 바뀌어 버린 환경 속, 그때의 절망과 좌절은 말로 표현할 길이 없다.

날마다 남편과 싸웠고 큰 소리가 났었다. 나에게는 우울증이 왔고 모든 병이 찾아 왔다. 음식을 먹을 수도 잠을 잘 수도 없었다. 여럿이 같이 식사를 해도 나만 탈이 났고 온몸이 가렵고 두드러기가 나서 손으로 긁었다 하면 온몸에 피가 나도록 긁어야 했다. 변비약이 없으면 화장실에도 가지 못했다. 약을 먹으면 설사를 하고···.

살아있는 것이 고통이고 지옥이었다.

길가에서 웃으며 장사하시는 분들이 너무도 행복해 보여 부러워하곤 했다. 그 누구를 보아도 다들 나보다 나아 보였고 그때의 내 고통이 너무나 커서 남편도, 자식도 그 누구도 생각나지 않았다. 곧 나에게는 대인기피증이 왔다. 사람을 만나는 것이 싫었다. 목 관절이 아파 목을 움직이기가 힘들었다. 날마다 물리 치료하러 다녔지만 아무 소용이 없었다. 하루만 안 아파 보았으면 좋겠다고 늘 생각했고, 그때야 비로소 내가 하나님을 떠나 너무 멀리 왔구나 하는 깨달음이 왔다.

무엇에 홀린 듯 새벽기도를 시작했다. 새벽마다 성전 문이 열리기를 기다렸다. 그때부터 하나님이 서서히 나를 만지시며 회복시켜 주셨다. 24시간 약 먹는 시간이 모자랐던 나를 순식간에 고쳐주셨다. 그후 목은 물론이고 알레르기, 변비, 위 전부 고쳐주셨다. 그 뒤로 감기약 한번 안 먹었다.

그때부터 여러 가지 공부와 교육을 시키셨다. 은혜와 은사의 성령님, 보혈 아카데미, 최고 지도자과정, 제자대학까지. 지금 다시 하라면 못할 것 같다. 이제야 그 이유를 알 것 같다. 왜 그렇게 하나님께서 나를 강권적으로 인도하셨는지를…. 그 이유는 하나님께서 나 자신만을 위한 삶이 아닌 나라와 민족을 위한 기도와 헌신의 삶을 살기를 원하셨던 것이다.

지금 나는 7년이 넘게 '새터민' 사역을 하고 있다. 그 분들은 결코 쉽게 대할 분들이 아니다. 목숨을 걸고 오신 분들이라 누구의 말도 쉽사리 듣지 않고 사람을 믿지 않는다. 많은 분들이 오고가며, 이단으로도 빠지고, 이단에서 돌아오는 분들도 계신다. 강하지 않고는 그분들을 섬길 수가 없다.

하나님께서 그렇게 나를 인도하셔서 이분들을 섬기게 하셨지만 언제부터인가 이유 없이 그분들을 섬기기에 벅차고 힘든 시기가 왔다. 그때 마침 우리 교회 집사님이 나라와 민족을 위해 기도하자며 천보산민족기도원을 소개시켜 주었다.

'나는 왜 좀더 일찍 알지 못했을까. 이렇게 가까운 곳에 좋은 기도원이 있는 것을….'

일산으로 또는 분당으로 이사를 가자던 남편이 어느 날 천보산민족기도원과 가까이 살기를 원한다면 당신 마음대로 별내도 좋다고 했다. 일주일 만에 집이 팔리고 별내로 이사를 왔다. 하나님의 계획하심이었다. 날마다 천보산기도원에 올라가 은혜를 받고 주일은 교회에서 충성하게 하셨다.

천보산민족기도원에서 은혜를 받고 마음과 생각이 바뀌면서 자연스레 행동도 달라졌다. 날마다 나라와 민족을 위해 기도하는 것을 보고 듣고 배우다 보니 어느 날부터인가 정말로 나라와 민족을 위해 눈물을 흘리며 기도하게 되었다.

또한 내가 섬기고 있는 '새터민' 가족들도 더욱 기도하며 사랑하게 되었다. 전에는 잘 믿고 헌신했다고 생각했는데 여전히 나를 위해 내 가족과 내 교회가 기도 1순위였던 것을 내려놓았고 북한 동포를 위해, 선교사님들을 위해, 나라와 민족과 열방을 위해 기도하게 되었다. 정말 기도가 바뀌었고 단 하루도 기도와 찬양과 말씀을 먹지 않고서는 살 수가 없게 되었다.

원장님은 말씀하셨다.

"손바닥이 깨지도록 박수를 치면서 찬양을 올려드려야 한다. 그럴 때 기도의 응답을 받고 네 영혼이 살 수 있다."

통성기도 시간에 원장님은 손도 잡아주시고 머리에 안수도 해 주시는데 안수할 때마다 솥뚜껑이 내려치는 것 같았다. 지나온 나와 내 가족만을 위해 살아 온 삶이 주님 앞에 한없이 부끄러웠다. 이것을 알게 하시고 여기까지 인도하신 주님의 은혜를 입이 만개가 있어도 다 이야기할 수 없다.

지금의 나는 어떤 금은보화로 옷을 입혀준다 하더라도 싫다. 하루도 주님 없이는 살 수가 없다. 나와 세상은 간

곳 없고 남은 인생 주님의 기쁨이 되었으면 좋겠다. 주님이 원하시는 그릇이 되기 위해 노력은 하지만 그것은 결코 쉬운 일이 아니다.

남편을 바라볼 때에 지금은 그가 너무나도 불쌍하다. 내가 하나님이 원하는 그릇이 못 되어서 남편이 고생하는 것 같기 때문이다. 나의 못난 부분을 깎고 다듬으시는 중이라 생각된다.

하나님 없이 사는 것, 나라와 민족을 위해 기도하지 않는 삶은 나에게 아무 의미가 없다. 오늘도 건강을 허락해 주셔서 천보산 성산에 올라갈 수 있게 하신 하나님께 감사드린다. 고난이 유익이라는 말씀을 절실히 체험한다. 나에게 아무 일도 없었으면 지금도 지옥으로 달려가는 줄 모르고 열심히 세월을 낭비하며 살고 있었을 것이다. 먹어도 배부르지 않고 입어도 따뜻하지 않는 것들로 만족하려고, 왜 그러는지 이유도 모르고 달려온 내 자신이 부끄럽다.

지금의 내 모습은 전적인 하나님의 은혜이다. 남편과 자식들에게도 나에게 하신 것과 같이 주님이 행하실 것을 기대한다.

천보산민족기도원 주제가 (은혜찬송)

작사 **우정재**

1. 이 세상 모진 풍파와 환란 중에
   상하고 찢긴 내 영혼
   싸매어 안아 주신 나의 주님이여.

2. 눈물과 기도로 풍성해진 내 영혼
   성령의 아홉 가지 열매들로
   가지마다 주렁주렁 맺게 하시네.

3. 강물같이 흐르는 은혜로운 생수가
   굽이굽이 흐르는 곳마다
   가슴에 생명수로 용솟음 치는구나.

4. 죽어가는 영혼 사랑하는 님의 열정에
   잡초 무성한 영혼의 밭
   황무지를 옥토로 변케 하셨네.

5. 어머님의 품안보다 따사로운 그 은혜
   뜨거운 사랑을 어찌 잊으리요.
   남은 생애 목숨 바쳐 충성하라 하시네.

원장님과 우 권사가 걸어온 길

시 **우정재**

고락을 함께 하는 인생의 동반자
힘들고 아픈 세월 참아 가면서
말없이 걸어온 길.

눈물과 한숨의 고통 가운데
새까맣게 타 버린 텅 빈 가슴
예수님이 오시어 내 모든 고통을 맡아 주셨네.

나 고요히 잠들었을 때에 오시어
나를 지켜 주시오니
은혜의 이불로 나를 덮으셨네.

주님의 신부로
행복했어요

가난한 자를 진토에서 일으키시며
빈궁한 자를 거름더미에서 올리사
귀족들과 함께 앉게 하시며
영광의 자리를 차지하게 하시는도다
땅의 기둥들은 여호와의 것이라
여호와께서 세계를 그것들 위에 세우셨도다

(삼상 2:8)